CARMEN

LAS ATADURAS

Edición a cargo de: Berta Pallares
Ilustraciones: Per Illum
Edición revisada en 1993
Abreviada pero no simplificada

EDICIÓN SIMPLIFICADA PARA USO ESCOLAR Y AUTOESTUDIO

Esta edición, cuyo vocabulario se ha elegido entre las palabras españolas más usadas (según CENTRALA ORDFÖRRÅDET I SPAN-SKAN de Gorosch, Pontoppidan-Sjövall y el VOCABULARIO BÁSICO de Arias, Pallares, Alegre), ha sido resumida y simplificada para satisfacer las necesidades de los estudiantes de español con unos conocimientos un poco avanzados del idioma.
El vocabulario ha sido seleccionado también de los libros de texto escolares "Línea", "Encuentros" y "Puente", comparado con "Camino" y "Un nivel umbral" del Consejo de Europa.

Editora: Ulla Malmmose

Diseño de cubierta: Mette Plesner
Ilustración de cubierta: Kevin O'Brien

TEXTO ORIGINAL
Edición abreviada
pero no simplificada

1989 por EASY READERS, Copenhagen
- a subisidiary of Lindhardt og Ringhof Forlag A/S,
an Egmont Company.
ISBN Dinamarca 978-87-23-90080-7
www.easyreaders.eu
The CEFR levels stated on the back of the book
are approximate levels.

Easy Readers

EGMONT

Impreso en Dinamarca por
Sangill Grafisk, Holme-Olstrup

Carmen Martín Gaite (Salamanca 1925)

Licenciada y doctora en Filosofía y Letras es una de las escritoras actuales de pluma más fina. Se dio a conocer en 1954 con *El balneario* que obtuvo el premio Café Gijón. El Premio Nadal otorgado a su novela *Entre visillos* (1957) la consagró como novelista. En 1968 quedó finalista del Premio Biblioteca Breve y en 1978 obtuvo el Premio Nacional de literatura por su novela *El cuarto de atrás* (1978). Ha recibido, en 1988 uno de los más destacados premios, el Príncipe de Asturias, que compartió con el excelente poeta José Angel Valente.

Desde su primera novela hasta hoy ha seguido escribiendo lenta pero constantemente siempre en una prosa cada vez más depurada y renovada. Su obra es de carácter intimista pero bien anclada en la realidad española, una realidad que Carmen Martín Gaite conoce desde muchos ángulos ya que sus intereses la han llevado al ayer español ocupándose también del tiempo pasado. Ha escrito sobre Santa Teresa (1515–1582), sobre la Inquisición, sobre el siglo XVIII, por citar solamente alguno de sus viajes al pasado.

El relato que ofrecemos hoy es el que da título al volumen titulado *Las ataduras* (1960) conjunto de relatos.

Las ataduras gira en torno a los sentimientos de unos padres que viven en una aldea española, en Galicia, y los de su única hija, casada con un pintor francés, con quien vive en París en compañía de los dos hijos del matrimonio. El núcleo de la narración gira sobre el problema de estar libre o estar «atado» –no libre–. Se está atado solamente por las ataduras que uno mismo se pone, pudiendo no hacerlo (ver el diálogo entre Alina, la protagonista en cierto modo, y su abuelo en pág. 56). La *atadura* es pues lo que nos ata, pero nos ata desde la libre elección de la atadura.

La acción del relato transcurre en San Lorenzo (Galicia) y en París. La alternancia de este transcurrir da al relato una estructura flexible, pero muy construida.

Como en muchas obras de Carmen Martín Gaite vemos a los personajes del relato envueltos en sus sentimientos, en una soledad que unos saben poblar mejor que otros.

Otras obras de Carmen Martín Gaite: Narrativa: *Ritmo lento* (1963), *Retahílas* (1974), *Fragmentos de interior* (1976), *El cuarto de atrás* (1978).

atadura, lo que ata. Ver el diálogo entre Alina y su abuelo en pág. 56

No narrativa: *El proceso de Macanaz* (1970), *Usos amorosos del XVIII en España* (1972), *El cuento de nunca acabar (1974-1982)* (1983), *Usos amorosos de la postguerra española* (1987) que abarca el periodo comprendido entre 1939 –año en que terminó la guerra civil española– y 1953. Con este último libro ha ganado el Premio Anagrama de ensayo.

En nuestra colección ha aparecido como texto completo el espléndido relato *Lo que queda enterrado* (1987).

El universo del relato que ofrecemos hoy está poblado del sentimiento de libertad interior: uno elige su propia atadura y Alina ha escogido la suya: Philippe. El que su padre no lo haya aceptado, porque hubiera querido «ser él su atadura», pone en marcha la problemática de los personajes, tan matizada y a la que nos tiene acostumbrados Carmen M. Gaite.

Los capítulos 1 y 2 presentan situaciones paralelas. Lo mismo sucede con los capítulos 2 y 5. Los capítulos 1 y 5 se centran en San Lorenzo en torno a los padres, los capítulos 2 y 4 se centran en París en torno a Alina que piensa en el relativo fracaso que ha sido el viaje de sus padres a París con el fin de visitarlos y ver a los dos nietos. Alina piensa, sentada a la orilla del Sena –que en cierta manera se lleva la angustia de la joven con su manso pasar– en sus padres, en su infancia y esta visión retrospectiva, en la que desde París vive su pasado en un presente, une los dos bloques haciendo que el lector entre de lleno en la problemática de los personajes.

El relato tiene una estructura bien ceñida que podría verse así:

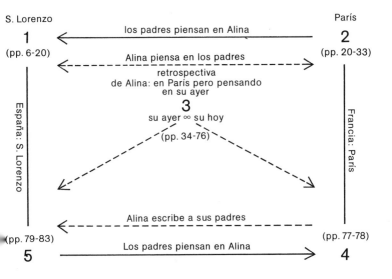

A mi padre, *abnegado y tenaz*
A mi madre, que nunca me *forzó*
a ninguna cosa, que parecía que no
me estaba enseñando nada.

selfless
abnegado, que renuncia de manera voluntaria a sus deseos en
servicio o provecho de los demás
tenaz, firme en sus propósitos
forzar, obligar

1

–No puedo dormir, no puedo. Da la luz, Herminia –dijo el viejo maestro, saltando sobre los *muelles* de la cama.

Ella se dio la vuelta hacia el otro lado, y se cubrió con las ropas *revueltas*.

5 –Benjamín, me estás destapando –protestó–. ¿Qué te pasa?, ¿no te has dormido todavía?

–¿Qué quieres que me pase? Ya lo sabes, ¿es que no lo sabes? ¡Quién se puede dormir! Sólo tú que pareces de *corcho*.

muelle

corcho

10 –No vuelvas a empezar ahora, por Dios –dijo la voz *soñolienta* de la mujer–. *Procura* dormir, hombre, déjame, estoy cansada del viaje.

–Y yo también. Eso es lo que tengo *atragantado*, eso. Ese viaje inútil y *maldito*; que si se pudieran hacer las cosas 15 dos veces …

–Si se pudieran hacer dos veces, ¿qué?

–Que no iría, que me moriría sin volverla a ver, total

---

revuelto, part. de revolver; aquí, sin orden, en desorden
ser de corcho, no pensar en nada ni sentir nada
soñolienta, con sueño
procurar, hacer lo posible por lograr algo, aquí, dormir
atragantar, detenerse la comida en la garganta, aquí, fig: no poder pasar algo, aceptarlo
maldito de *maldecir* (= decir mal), aquí se emplea para mostrar el disgusto que ha causado el viaje.

para el espectáculo que hemos visto; que irías tú si *te daba la gana*, eso es lo que te digo.

–Sí, ya me he enterado; te lo he oído ayer no sé cuántas veces. ¿Y qué? Ya sabes que a mí me da la gana y que iré siempre que ella me llame. También te lo he dicho ayer. Creí que no querías darle más vueltas al asunto.

–No quería. ¿Y qué adelanto con no querer? Me *rebulle*. Tengo sangre en las *venas* y me vuelve a rebullir; me estará rebullendo siempre que me acuerde.

–Vaya todo por Dios.

–Da la luz, te digo.

La mujer alargó una *muñeca huesuda* y buscó *a tientas* la *pera* de la luz. Los ojos del viejo maestro *parpadearon* un instante escapando de los de ella que le buscaron *indagadores*. Se sentó en la cama y la mujer le imitó a medias, con un suspiro. Asomaron las dos figuras por encima de la *barandilla* que había a los pies, a reflejarse enfrente, en la *luna* del armario. Toda la habitación se torcía, dentro

luna

stir

dar la gana, fam. querer hacer una cosa
rebullir, empezar a moverse lo que estaba tranquilo, aquí, lo que piensa
vena, muñeca, hueso, ver ilustración en página 88
huesuda, aquí delgada y que se le notan los huesos
a tientas, sin ver, sólo tocando
pera, ver ilustración en página 8
parpadear, mover los *párpados*, ver ilustración en página 88; aquí mover los párpados de modo rápido por causa de la luz
indagador, que examina con mucha atención
barandilla, ver ilustración en página 8

8

de aquel espejo de mala calidad, *sucio* de dedos y de *moscas*. Se vio él. Miró en el espejo, bajo la alta *bombilla* solitaria, y se tapó los ojos. Dentro de ellos *estalló* un fuego *colorado*. Alina, niña, se sacudía el *cabello* mojado, riendo. Ahora un rojo de *chispas* de *cerezas*: Alina, en la *copa* de un *cerezo* del huerto, le contaba cuentos al niño del *vaquero*. Ahora un rojo de sol y de *mariposas*; ahora un rojo de vino.

La mujer se volvió a *hundir* en la cama.

–Herminia, ¿qué hora es?

–Las seis y cuarto. Anda, duérmete un poco. ¿Apagamos la luz?

Por toda contestación, el maestro echó los pies afuera y se puso a vestirse lentamente. Luego abrió las *maderas* de la ventana. Se *cernía* ya sobre el jardín una claridad *tenue* que a él le permitía reconocer los sitios. Cantó un *gallo* al otro lado de la carretera.

chispa

gallo

sucio, no limpio
mosca, ver ilustración en página 36
estallar, producirse de repente
colorado, de color rojo
cabello, copa, cerezo, mariposa, ver ilustración en página 10
vaquero, el que cuida las *vacas*, ver ilustración en página 10
hundir, aquí, meterse de nuevo debajo de las ropas
cernía de *cerner* o *cernir*, aquí: estar sobre
tenue, aquí delgada y suave

cereza

cabello

mariposa

cerezo

copa

vaca

–*Tan a gusto* como podían vivir aquí esos niños. Tantas cosas como yo les podría enseñar, y las que ellos verían.

| *tan a gusto*, tan bien

10

–Pero, ¿qué dices, Benjamín? No vuelvas otra vez ...
–No vuelvo, no; no vuelvo. Pero dímelo tú cómo van a *prosperar* en aquel *cuartucho* oliendo a *tabaco* y a *pintura*. Ya; ya te dejo en paz. Apaga si quieres.

pintura

Ella le había seguido con los ojos desde que se levantó. 5
Ahora le vio separarse de la ventana, cerrar las maderas y coger su chaqueta, colgada en una silla. Le hizo volverse en la puerta.

tabaco

–¿Adónde vas?
–Por ahí. Donde sea. No puedo estar en la cama. 10
No escuchó lo que ella contestaba, aunque distinguió que era el tono de hacerle alguna *advertencia*. La casa estaba *inhóspita* a aquella hora. Y el cuerpo la buscaba, sin embargo, para abrigarse en alguna cosa.

Entró en la cocina: ni *restos* del fuego rojo que había 15
llenado sus ojos cerrados unos minutos antes. Pasó la mirada por los *estantes recogidos*. Todo gris, *estático*. El

prosperar, aquí, crecer de manera buena y sana
cuartucho, dim. de cuarto; indica desprecio
advertencia, consejo, hacer una a., dar un consejo
inhóspita, que no es agradable para estar en ella
resto, lo que queda de algo
estante, ver ilustración en página 12
recogidos, en orden, ordenados
estático, sin movimiento

11

escopeta

despertador

estantes

escaño

pitillo
cigarro

cacillo

cántara

12

tictac del *despertador* salía al jardín por la ventana abierta. Sacó agua de la *cántara* con un *cacillo* y la bebió. Se sentó en el *escaño* de madera, hizo un *pitillo*. Allí estaba la *escopeta*, en el rincón de siempre. Fumó, mirando al suelo, con la frente en las manos. Después de aquel cigarro, otros dos.

Eran ya las siete cuando salió a la *balconada* de atrás, *colgada* sobre un *techo* de *avellanos*, y bajó la *escalerilla* que daba al jardín. Era jardín y *huerta*, pequeño. Las *hortensias* y las *dalias* crecían a dos pasos de las *hortalizas*, y solamente había un paseo de arena, justamente bajo la balconada, a la sombra de los avellanos. Lo demás eran pequeños caminillos. Más atrás de todo esto, había un *prado* donde estaban los árboles. *Ciruelos, perales, manzanos, cerezos* y una *higuera*, en medio de todos. El maestro, por la puerta de atrás, salió del huerto al camino. La puerta de la casa daba a la carretera, ésta a un camino que se alejaba del pueblo. A los pocos pasos se volvió a mirar. *Asomaba* el tejado con su *chimenea* sin *humo*, bajo el

balconada, ver ilustración en pág. 14
colgar, poner una cosa sujeta a otra sin que llegue al suelo
techo, la parte interior de un edificio, lo que cubre, aquí fig, = *tejado*, ver ilustración en pág. 14
avellanos, escalerilla, hortensias, dalias, hortalizas, ver ilustración en pág. 14/15.
huerto, lugar donde se plantan en especial árboles *frutales* (= que dan fruta) y *hortalizas* (= plantas que se pueden comer) La *huerta* suele ser más grande.
prado, tierra en que crece la hierba que sirve de *pasto* (= comida) a los animales, ver ilustración en pág. 15
ciruelo, peral, manzano, higuera, ver ilustración en pág. 14/15
cerezo, ver ilustración en pág. 10
asomar, aquí: que se ve por detrás de los árboles
chimenea, humo, ver ilustración en página 14

humo

chimenea

tejado

balconada

avellanos

escalerilla

14

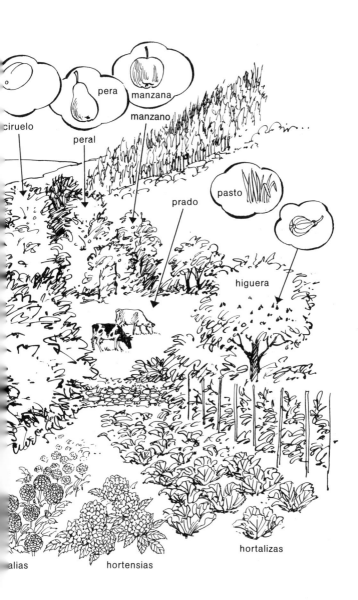

ciruelo

pera

manzana

peral

manzano

prado

pasto

higuera

hortalizas

alias

hortensias

15

primer *albor* de un cielo *neutro*. Le pareció un dibujo todo el jardín y mentira la casa; *desparejada*, como si no fuera hermana de las otras del pueblo. Las otras estaban vivas y ésta era la casa de un guiñol. Y Herminia, pobre
5 Herminia, su única compañera marioneta. Con la mano en el aire le reñía, le quería dar ánimos, pero sólo conseguía largos razonamientos de marioneta.

«Hoy tampoco ha venido carta. No nos va a escribir siempre, Benjamín.»

10 «Hay que dejar a cada cual su vida. Lo que es joven, *rompe* para adelante.»

«No estés callado, Benjamín.»

«¿Por qué no vas de caza?»

«No ha escrito, no. Mañana, a lo mejor. A veces se
15 pierden cartas.»

Y en invierno llueve. Y las noches son largas.

«Ella, Benjamín, no era para morirse entre estas cuatro paredes.»

Dio la vuelta y siguió camino abajo. Ya iba a salir el sol.
20 A la derecha, un *muro* de piedras desiguales, cubierto de *musgo* y *zarzamoras*, separaba el camino de unos cultivos de *viña*. Más adelante, cuando se acababa este muro, el camino se *bifurcaba* y había una cruz de piedra en el *cruce*. No se detuvo. Oyó que le llamaban, a la espalda, y
25 se volvió. A los pocos metros, cerca del cruce, distinguió

---

albor, blancura, aquí, la luz del *alba* (= primera luz del día)
neutro, sin color, aquí fig.
desparejada, sola, sin pareja
romper, abrirse paso o camino; aquí: empezar a vivir
bifurcarse, dividirse en dos
cruce, lugar donde se cruzan dos caminos

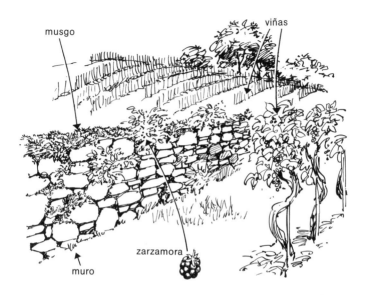

musgo

viñas

zarzamora

muro

al cura que subía, montado en su burro, hacia el camino de la otra *parroquia*.

–Benjamín –había llamado, primero no muy fuerte, *entornando* los ojos viejos, como para asegurarse.

Y luego detuvo el burro y ya más firme, con alegría: 5

–Benjamín, pero claro que es él. Benjamín, hombre, venga acá. Tan pronto de vuelta.

El maestro no se acercó, le contestó *apagadamente* sin disminuir la distancia:

–Buenos días, don Félix. Voy de prisa. 10

El burro dio unos pasos hacia él.

–Vaya, hombre, con la prisa. Temprano saltan los que-

---

parroquia, aquí, iglesia y *territorio* (= parte de un pueblo o pueblo entero) que depende del cura en lo espiritual
entornar, cerrar sólo un poco
apagadamente, de forma poco viva

haceres. Cuénteme, por lo menos, cuándo han llegado.

–Ayer tarde, ya tarde.

–¿Y qué tal? ¿Es muy grande París?

–Muy grande, sí señor. Demasiado.

5 –Vamos, vamos. Tengo que ir una tarde por su casa, para que me cuente cosas de la chica.

–Cuando quiera.

–Porque como esté esperando a que usted venga por la iglesia …

10 Se había acercado y hablaba mirando la cabeza inclinada del maestro, que estaba *desenterrando* una piedra del suelo, mientras le escuchaba. Salió un *ciempiés* de debajo, lo vieron los dos escapar. A Alina no le daba miedo de los ciempiés, ni cuando era muy niña. De ningún *bicho* 15 tenía miedo.

ciempiés

–¿Y cómo la han encontrado, a la chica?

–Bien, don Félix, muy bien está.

–Se habrá alegrado mucho de verles, después de tanto tiempo.

20 –Ya ve usted.

–Vaya, vaya … ¿Y por fin no se han traído a ningún *nietecito*?

–No, señor, el padre no quiere separarse de ellos.

desenterrar, sacar de la tierra
bicho, animal muy pequeño
nietecito, dim. de *nieto*, en relación con los padres, el hijo de la hija o del hijo

18

–Claro, claro. Ni Adelaida tampoco querrá. *Maja* chica Alina. Así es la vida. Parece que la estoy viendo correr por aquí. Cómo pasa el tiempo. En fin … ¿Se acuerda usted de cuando *recitó* los versos a la Virgen, subida ahí en el muro, el día de la *procesión de las Nieves*? No tendría ni ocho años. ¡Y qué bien los decía!, ¿se acuerda usted? 5

procesión

–Ya lo creo, sí señor.

–Le daría usted mis recuerdos, los recuerdos del cura viejo.

–Sí, Herminia se los dio, me parece. 10

–Bueno, pues bien venidos. No le *entretengo* más, que también a mí se me hace tarde para la *misa*. Dígale a Herminia que ya pasaré, a ver si ella me cuenta más cosas que usted.

maja, fam. y cariñoso: guapa y simpática
recitar, decir de memoria y en voz alta
procesión, acto de ir de un lugar a otro en orden aquí:
acompañando a la Virgen de las Nieves
entretener, aquí, tomar el tiempo del otro
misa, parte central de la religión católica en la que el *sacerdote*
(= cura) ofrece a Dios Padre el sacrificio del cuerpo de Jesucristo
en forma de pan (cuerpo) y vino (sangre)

–Adiós, don Félix.

Se separaron. El maestro *se puso a* subir la *cuesta* despacio, dejando el pueblo atrás. No volvió la vista. Ya sentía el sol a sus espaldas. Cuanto más arriba, más se *espesaba* *el monte* de *pinos* y empezaban a aparecer *rocas* muy grandes, por encima de las cuales a veces tenía que saltar. Miró hacia la *cumbre*, en línea recta. Todavía le faltaba mucho. *Trepaba* de prisa.

–Alina –murmuró, *jadeando*–, Alina.

Le caían lágrimas por la cara.

2

–Alina, ¿qué te pasa?, me estás destapando. ¿No te has dormido todavía? ¿Adónde vas?

–A abrir la ventana.

–Pero, ¿no te has levantado antes a cerrarla? Te has levantado, me parece.

–Sí, me he levantado, ¿y qué?, no *estés tan pendiente* de mí.

–¿Cómo quieres que no esté pendiente si no me dejas dormir? *Para quieta*; ¿por qué cerrabas antes la ventana?

---

se puso a, ponerse a + inf., empezar a hacer o que indica el infinitivo
cuesta, terreno en *pendiente* (= no liso, más elevado en un extremo que en el otro)
espesarse, aquí, que aparece más poblado de árboles
monte, roca, pino ver ilustración en página 36
cumbre, la parte más alta
trepar, aquí, subir
jadear, respirar con dificultad
estar pendiente, siempre ocupándose de ella o pensando en ella
para quieta, quédate tranquila, *parar*, dejar de moverse, *quieta* tranquila, sin moverse

–Porque *tosió* Santiago. ¿No lo oyes toda la noche? Tose mucho.

–Entonces no la abras otra vez, déjala.

La ventana da sobre un patio pequeño. Una luz *indecisa* de amanecer baja del alto rectángulo del cielo. Alina 5 saca la cabeza a mirar y respira al hallar arriba aquel *claror* primero. Es un trozo pequeño del cielo que se empieza a encender sobre París esa mañana, y a lo mejor ella sola lo está mirando.

–Pero, Adelaida, cierra ahí. ¿No has dicho que Santia- 10 go tose? No se te entiende. Ven acá.

–Me duele la cabeza, si está cerrado. Déjame un poco respirar, Philippe, duérmete. Yo no tengo sueño. Estoy *nerviosa*.

–Te digo que vengas acá. 15

–No quiero –dice ella, sin volverse–. Déjame.

Por toda respuesta, Philippe *se incorpora* y da una luz pequeña. En la habitación hay dos *cunas*, una pequeñísima, al lado de la cama de ellos, y otra más grande, medio oculta por un *biombo*. El niño que duerme en esta cuna 20 se ha revuelto y tose. Alina cierra la ventana.

–Apaga –dice con voz dura.

La luz sigue encendida.

---

toser, tener *tos* (= movimiento *ruidoso* (= que hace ruido) del aparato *respiratorio* (= de respirar))
indecisa, no muy firme todavía
claror, claridad, luz
nervioso, no estar tranquilo
incorporarse, levantar la mitad superior del cuerpo para quedar sentado, cuando se está echado o querer levantarse cuando se está sentado
cuna, biombo, ver ilustración en página 24/25

–¿Es que no me has oído, *estúpido*? –*estalla*, acercándose al *interruptor*.

Pero las manos de él la agarran fuertemente por las muñecas. Se encuentran los ojos de los dos.

–Que apagues, te he dicho. El niño está medio despierto.

–Quiero saber lo que te pasa. Lo que te rebulle en la cabeza para no dejarte dormir.

–Nada, déjame. Me preocupa el niño; eso es todo. Y que no puedo soportar el olor de pintura.

–No, eso no es todo, Alina. Te conozco. Estás buscando que riñamos. Igual que ayer.

–Cállate.

–Y hoy si quieres riña, vas a tener riña ¿lo oyes? no va a ser como ayer. Vamos a hablar de todo lo que te estás tragando, o vas a cambiar de cara, que ya no te puedo ver con ese gesto.

Ella se suelta, sin contestar, y se acerca a la cuna del niño, que ahora *lloriquea* un poco. Le da agua. Le arregla las ropas. A un gesto suyo, Philippe apaga la luz. Luego la siente él cómo coge a tientas una *bata* y abre la puerta que da al *estudio*.

–¿Qué vas a buscar? ¡Alina! –llama.

Alina cierra la puerta detrás de sí y da la luz del estudio. Es una habitación algo mayor que la otra y mucho más

---

estúpido, aquí, que obra de manera poco inteligente, en este contexto es palabra que ofende
estallar, aquí, hablar de forma violenta y no esperada y muy enfadada (= *furiosa*)
interruptor, ver ilustración en pág. 24
lloriquear, llorar de forma no continuada ni violenta
bata, ver ilustración en pág. 24
estudio, el lugar donde pinta

revuelta. Las dos componen toda la casa. Sobre una mesa grande, cubierta de *hule* amarillo, se ven *copas* sin fregar, y también *botes* con *pinceles*. Junto a la mesa hay un *caballete* y, en un ángulo, una cocina *empotrada* tapada por *cortinas*. Alina ha ido allí a beber un poco de leche fría, y se 5 queda de pie, mirándolo todo con ojos inertes. Por todas partes están los cuadros de Philippe. Mira los dos *divanes* donde han dormido sus padres y se va a tender en uno de ellos. Luego enciende un pitillo.

En el caballete hay un *lienzo* a medio terminar. 10

Philippe ha aparecido en la puerta del estudio.

–Alina, ¿no oyes que te estoy llamando? Ven a la cama.

–Por favor, déjame en paz. Te he dicho que no tengo sueño, que no quiero.

–Pero aquí huele mucho más a pintura. ¿No dices que 15 eso es lo que te pone nerviosa?

–Tú me pones nerviosa, ¡tú!, tenerte que *dar cuentas* y *explicaciones* de mi humor a cada momento, no poderme escapar a estar sola ni cinco minutos. ¡Cinco minutos de paz en todo el día! A ver si ni siquiera voy a poder tener 20 *insomnio*, y *nervios* por lo que sea. ¡¡Ni un pitillo!! ¡Ni el tiempo de un pitillo sin tenerte delante!

Ha ido subiendo el tono de voz. Él se acerca.

---

hule, copa, bote, pincel, caballete, cortina, diván, ver ilustración en página 24/25
empotrada, dentro del muro, de la pared
lienzo, la tela para pintar, aquí el cuadro mismo
dar cuentas, fam., contar, decir, explicar; *explicación*, acción de explicar
insomnio, falta de sueño
tener nervios, estar nervioso, no estar tranquilo, ver ilustración en página 88

bata interruptor cuna biombo

respaldo

pantalones
de pana

jersey

hule

copa

24

diván cortina fregadero

taza pincel bote de pintura caballete

25

–No hables tan alto. Te estás volviendo una histérica. Decías que estabas deseando que se fueran tus padres porque te ponían nerviosa, y ahora que se han ido es mucho peor.

5 –Mira, Philippe, déjame. Es mejor que me dejes en paz.

–No te dejo. Tenemos que hablar. Antes de venir tus padres no estabas así nunca. Antes de venir ellos …

Alina se pone de pie *bruscamente*.

–¡Mis padres no tienen nada que ver! –dice casi gritan-
10 do–. Tú no tienes que hablar de ellos para nada, no tienes ni que nombrarlos, ¿lo oyes? Lo que pase o no pase por causa de mis padres, sólo me importa a mí.

–No creo eso; nos importa a los dos. Ven, siéntate.

–No tienes ni que nombrarlos –sigue ella *tercamente*,
15 paseando por la habitación–, eso es lo que te digo. Tú ni lo *hueles* lo que son mis padres, ni te molestas en saberlo. Más vale que no los mezcles en nada, después de *lo que has sido* con ellos estos días; mejor será así, si quieres que estemos en paz.

20 –¡Yo no quiero que estemos en paz! ¿Cuándo he querido, Alina? Tú *te empeñas* en tener siempre paz a la fuerza. Dilo ya todo lo que andas escondiendo, en vez de callarte y amargarte a solas. ¿Por qué me dices que no te pasa nada? *Suelta* ya lo que sea. Ven.

---

bruscamente, de manera *brusca* (= rápida y con fuerza)
tercamente de manera *obstinada* (= manteniéndose en su actitud)
ni lo hueles, de oler. Fam. se emplea para indicar que no entiende o que no se da cuenta
lo que has sido, de cómo te has comportado
empeñarse, querer hacer una cosa tercamente
soltar, fam. decir

Alina viene otra vez a sentarse en el sofá, pero se queda callada, mirándose las *uñas*. Hay una pausa. Los dos esperan.

–Qué difícil eres, mujer –dice él, por fin–. Cuántas *vueltas le das* a todo. Cuando se fueron tus padres, dijiste 5 que habías quedado tranquila. Recuérdalo.

–Claro que lo dije. No hay nervios que puedan aguantar una semana así. ¿Es que no has visto lo *desplazados* que estaban, por Dios? ¿Vas a negar que no hacías el menor esfuerzo por la *convivencia* con ellos? Los tenías 10 en casa como a animales *molestos*, era imposible de todo punto vivir así. ¡Claro que estaba deseando que se fueran!

–Adelaida, yo lo sabía que iba a pasar eso, y no sólo por mi culpa. Te lo dije que vinieran a un hotel, hubiera sido 15 más lógico. Ellos y nosotros no tenemos nada que ver. Es otro mundo el suyo. *Chocaban* con todo, como es natural. Con nuestro horario, con la casa, con los amigos. No lo podíamos cambiar todo durante una semana. Yo les *cedí* mi estudio; no eres justa quejándote sólo de mí. La *hosti-* 20 *lidad* la ponían ellos también, tu padre sobre todo. ¡Cómo me miraba! Está sin *civilizar* tu padre, Alina. Tú misma lo has dicho muchas veces; has dicho que se le había

---

uña, ver ilustración en página 88
darle vueltas a algo, pensar mucho las cosas o en torno a ellas
desplazados, fuera de lugar
convivencia, de *convivir* (= vivir con), vivir en compañía, *molesto*,
que molesta
chocar, fig. sentirse molesto y en contra de todo
ceder, dar
hostilidad, aquí, *enemistad* (= no amistad)
civilizar, estar educado y preparado para vivir con los demás

27

agriado el carácter desde que te fuiste a estudiar a la Universidad, que tenía *celos* de toda la gente que conocías, que al volver al pueblo te hacía la vida imposible. Y acuérdate de nuestro *noviazgo*.

5 Alina escucha sin *alzar* los ojos. Sobre las manos inmóviles le han empezado a caer lágrimas.

–Deja las historias viejas –dice–. Qué importa eso ahora. Ellos han venido. Te habían conocido *de refilón* cuando la *boda*, y ahora vienen, después de tres años, a 10 vernos otra vez, y a ver a los niños. ¿No podías haberlo hecho todo menos duro? Ellos son viejos. A ti el *despego* de mi padre no te daña, porque no te quita nada ya. Pero tú a mi padre se lo has quitado todo. Eras tú quien se tenía que esforzar, para que no se fueran como se han ido.

15 –Pero, ¿cómo se han ido? Parece que ha ocurrido una tragedia. ¿En qué he sido despegado yo, distinto de como soy con los demás? Sabes que a nadie trato con un cuidado especial, no puedo ¿En qué he sido despegado? ¿Qué tendría que haber hecho?

20 –Nada, déjalo, es lo mismo.

–No, no es lo mismo. Aprende a hablar con orden. A ver: ¿cuándo he sido yo despegado?

–No sé; ya en la estación, cuando llegaron; y luego con lo de los niños, y siempre.

25 –Pero no *amontones* las cosas, mujer. En la estación,

---

agriar, volverse amargo
celos, sentimiento o pesar de que la persona querida o amada ponga su cariño o amor en otro
noviazgo, tiempo en que un hombre y una mujer mantienen una relación con idea de casarse (= celebrar la *boda*)
alzar, levantar
de refilón, de pasada, no profundamente
despego, falta de afecto
amontonar, fig. aquí: poner una cosa sobre otra

28

¿no empezaron ellos a llorar, como si estuvieras muerta, y a mí me miraban? ¿No se pusieron a decir que ni te conocían de tan *desmejorada*, que cómo podías haber llegado a ponerte así? Tú misma te enfadaste, acuérdate. ¿No te acuerdas? Di.   5

–Pero si es lo mismo, Philippe –dice ella con voz cansada–. Anda, vete a acostar. No se trata de los hechos, sino de entender y sentir la *postura* de mis padres, o no entenderla. Tú no lo entiendes, qué le vas a hacer. Estaríamos hablando hasta mañana.   10

–¿Y qué?

–Que no quiero, que no *merece la pena*.

Se levanta y va a dejar el vaso en el *fregadero*. Philippe la sigue.

–¿Cómo que no merece la pena? Claro que la merece.   15
¿Crees que me voy a pasar toda la vida sufriendo tus misterios? Ahora ya te vuelves a *aislar*, a sentirte incomprendida, y me dejas aparte. Pero, ¿por qué sufres tú exactamente, que yo lo quiero saber? Tú te pasas perfectamente sin tus padres, has sentido *alivio*, como yo, cuando   20
se han ido ... ¿no?

–¡Por Dios, déjame!

–No, no te dejo, haz un esfuerzo por explicarte, no seas tan complicada. Ahora quiero que hablemos de este asunto.   25

–¡Pues yo no!

---

desmejorada, que ha ido perdiendo la salud o el buen aspecto
postura, aquí, actitud
merecer la pena, frase con la que se indica que no vale para nada hacer un esfuerzo que no tendrá ningún resultado
fregadero, ver ilustración en página 25
aislarse, encerrarse en sí misma
alivio de *aliviar*: quitarse de encima un gran peso

–¡Pues yo sí …! Quiero que quede *agotado* de una vez para siempre, que no lo tengamos que volver a tocar. ¿Me oyes? Mírame cuando te hablo. Ven, no *te escapes* de lo que te pregunto.

5   Alina se echa a llorar.

–¡¡Déjame!! –dice, *chillando*–. No sé explicarte nada, déjame en paz. Estoy nerviosa de estos días. Ahora todavía no puedo *reaccionar*. Mis padres se han ido pensando que soy desgraciada, y sufro porque sé que ellos sufren

10 pensando así. No es más que eso.

–¡Ay Dios mío! ¿Pero tú eres desgraciada?

–Ellos lo han visto de esa manera, y ya nunca podrán vivir tranquilos. Eso es lo que me *desespera*. Si no me hubieran visto, sería distinto, pero ahora, por muy con-

15 tenta que les escriba, ya nunca se les quitará de la cabeza. Nunca. Nunca.

Habla llorando. Se pone a vestirse con unos *pantalones* de *pana* negros que hay en el *respaldo* de una silla, y un *jersey*. Un reloj, fuera, repite unas campanadas que ya

20 habían sonado un minuto antes.

–Tranquilízate, mujer. ¿Qué haces?

–Nada. Son las siete. Ya no me voy a volver a acostar. Vete a dormir tú un poco, por favor. Vamos a despertar a los niños si seguimos hablando tan fuerte.

25 –Pero no llores, no hay derecho. *Libérate* de esa pena

---

agotado, aquí, terminado
escaparse de, no querer hablar del asunto
chillar, hablar casi a gritos
reaccionar, cambiar de actitud
desesperarse, perder la esperanza, aquí: sentir que no puede hacer nada
pantalón de pana, respaldo, jersey, ver ilustración en página 24/25
liberarse, hacer lo posible por quedar libre

por tus padres. Tú tienes que llevar adelante tu vida y la de tus hijos. Te tienes que ocupar de *borrar* tus propios sufrimientos reales, cuando tengas alguno.

–Que sí, que sí ...

–Mujer, contéstame de otra manera. 5

Ella ha cogido una *bolsa* que había colgada en la cocina.

–Déjame ahora –le dice, acercándose a la puerta de la calle–. Tendrás razón, la tienes, seguramente; pero, déjame, por favor. ¡¡Te lo estoy pidiendo por favor!! 10

–¿Cómo?, ¿te vas? No me dejes así, no te vayas enfadada. Dime algo, mujer.

Alina ya ha abierto la puerta.

–¡Qué más quieres que te diga! ¡Que no puedo más! Que no estaré tranquila hasta que no me pueda ver un 15 rato sola. Que me salgo a buscar el pan para *desayunar* y a que me dé un poco el aire. Que lo comprendas si puedes. Que ya no aguanto más aquí encerrada. Hasta luego.

Ha salido casi corriendo. Hasta el *portal* de la calle hay solamente un *tramo* de escalera. La mano le tiembla, 20 mientras abre la puerta. Philippe la está llamando, pero no contesta.

Sigue corriendo por la calle. Cruza de una *acera* a otra, y después de una *bocacalle* a otra, ligera, arrimada a las paredes. Hasta después de sentir un verdadero *cansancio*, no 25 ha alzado los ojos del suelo, ni ha pensado adónde iba.

---

borrar, hacer desaparecer
bolsa, ver ilustración en página 32
desayunar, tomar el desayuno
portal, *acera*, ver ilustración en página 32
tramo, la parte de una escalera comprendida entre dos pisos
bocacalle, entrada de una calle
cansancio, falta de fuerzas

parapeto

acera

bolsa

portal

32

Poco a poco, el paso se le va relajando hasta que se detiene. Se ha acordado de que Philippe no la seguirá, porque no puede dejar solos a los niños, y respira *hondo*.

Es una mañana de *niebla*. La mayor parte de las ventanas de las casas están cerradas todavía, pero se han abierto algunos bares. Ha llegado cerca de la *trasera* de Notre Dame. Las personas que se cruzan con ella la miran allí parada. Está cerca del Sena, del río Sena. Un río que se llama de cualquier manera: una de aquellas rayitas azul oscuro que su padre señalaba en el mapa de la escuela. Este es su río de ahora. Ha llegado cerca del río y lo quiere ver correr.

Sale a la plaza de Notre Dame, y la cruza hacia el río. Luego va siguiendo despacio el *parapeto* hasta llegar a las primeras escaleras que bajan. Se baja por el parapeto hasta una acera ancha y desde allí se le ve correr muy cerca. No siente frío. Se sienta, abrazándose las rodillas, y los ojos se le van *apaciguando*, descansando en las aguas grises del río.

hondo, aquí, profundo
niebla, nubes bajas
trasera, la parte de atrás
parapeto, pared que se pone al borde de los ríos para evitar caídas.
apaciguar, poner en paz

3

Los ríos le *atrajeron* desde pequeñita, aun antes de haber visto ninguno. Desde arriba del *monte* Ervedelo, le gustaba mirar fijamente la raya del *Miño*, que riega *Orense*, y también la ciudad, *concreta* y dibujada. Pero sobre todo el
5 río, con su puente encima. Se lo imaginaba maravilloso, visto de cerca. Luego, en la escuela, su padre le enseñó los nombres de otros ríos que están en países *distantes*; miles de *culebrillas* finas, todas iguales: las *venas* del mapa.

Iba a la escuela con los demás niños, pero era la más
10 *lista* de todos. Lo oyó decir muchas veces al cura y al dueño del *Pazo*, cuando hablaban con su padre. Aprendió a leer enseguida y le enseñó a Eloy, el del vaquero, que no tenía tiempo para ir a la escuela.

–Te va a salir maestra como tú, Benjamín –decían los
15 amigos del padre, mirándola.

Su padre era ya *maduro*, cuando ella había nacido. Junto con el recuerdo de su primera infancia, estaba siempre el del *roce* del *bigote* de su padre, que la besaba mucho y le contaba largas historias cerca del oído. Al padre le
20 gustaba beber y cazar con la gente del pueblo. La llevaba

atraer, traer hacia sí
monte, ver ilustración en página 36. *Miño, Orense*, ver mapa en página 89
concreta, la ciudad misma
distante, lejano
culebrillas, dim. de *culebra* aquí fig. Ver ilustración en pág. 36
vena, ver ilustración en página 88. Aquí fig.
lista, inteligente
pazo, palacio, en especial en Galicia, es voz gallega
maduro, ya no joven
roce, de *rozar*, pasar una cosa sobre la superficie de otra
bigote, ver ilustración en página 88

con él al monte en todo tiempo y le enseñaba los nombres de las hierbas y los bichos. Alina, con los nombres que aprendía, iba inventando historias, relacionando colores y *brillos* de todas las cosas *menudas*. Se le hacía un mundo anchísimo, lleno de tesoros, el que tenía al alcance de la vista. Algunas veces se había juntado con otras niñas, y se sentaban todas a jugar sobre los muros, sobre los *carros* vacíos. 5

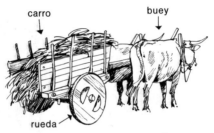

carro   buey

rueda

Pero desde que su padre la empezó a *aficionar* a trepar a los montes, cada vez le gustaba más alejarse del pueblo; todo lo que él le enseñaba o lo que iba mirando ella sola, en las cumbres, entre los pies de los pinos, era lo que tenía verdadero valor de descubrimiento. Saltaba en las *puntas* de los pies, dando *chillidos*, cada vez que se le escapaba una *lagartija* o una *mariposa* de las buenas. La mariposa *paisana* volaba cerca de la tierra y era muy fácil de 10 15

brillo, luz que despide un objeto
menudas, aquí, pequeñas y de poca importancia
aficionar, hacer que le guste algo a una persona
puntas de los pies, ver ilustración en página 88
chillido, sonido de la voz como gritos cortos
lagartija, ver ilustración en página 36
mariposa, ver ilustración en página 10
paisana, propia del lugar

pino

monte

falda

peña o roca

lagartija

culebra

mosca

caballito del diablo

ala

saltamontes

araña

36

coger. Era menuda, de color naranja o marrón. Por lo más adentrado del monte, las mariposas que interesaban se cruzaban con los *saltamontes*, que siempre daban susto al aparecer, *desplegando* sus *alas* azules. Pero Alina no tenía miedo de ningún bicho; ni siquiera de los *caballitos del* 5 *diablo* que sólo andaban por lo más espeso, por donde [había] también unas *arañas* enormes. Los caballitos del diablo le atraían por lo *espantoso*.

–Cállate, papá, que no se *espante* ése. Míralo ahí. Ahí –señalaba, llena de emoción. 10

Alina se empezó a *escapar* sola y le gustaba el miedo que sentía algunas veces, de tanta soledad. Era una *excitación* incomparable la de tenderse en lo más alto del monte, en lo más escondido, sobre todo pensando en que a lo mejor la buscaban o la iban a reñir. 15

Su madre le reñía mucho, si tardaba; pero su padre apenas un poco las primeras veces, hasta que dejó de reñirla en absoluto, y no permitió tampoco que le volviera a decir nada su mujer.

–Si no me puedo quejar –decía, riéndose–. Si he sido 20 yo quien le ha enseñado lo de andar por ahí sola, *pateando* la tierra de uno y sacándole saber. No es malo lo que hace, Herminia, es una hermosura. Y no te apures, que ella no se pierde, no.

Y el abuelo Santiago, el padre de la madre, era el que 25

---

desplegar, extender
[había] suplido a causa de la reducción del texto
espantoso, muy feo y que causa miedo; *espantarse* irse asustado, por el miedo
escapar, aquí, marcharse sin que nadie lo sepa
excitación, emoción
patear, pisar, andar por

más se reía. Él sí que no estaba nunca *preocupado* por la nieta.

–Dejarla –decía–, dejarla, que ésta llegará lejos y andará mucho. A mí se parece, Benjamín, más que a ti. Ella será la que continúe las *correrías* del abuelo.

–No, pues eso de las correrías sí que no –*se alarmaba* el maestro–. Esas ideas no se las meta usted en la cabeza, abuelo. Ella se quedará en su tierra, como el padre, que no tiene nada perdido por ahí adelante.

El abuelo había ido a América de joven. Había tenido una vida *agitada* y le habían ocurrido muchas aventuras. El maestro, en cambio, no había salido nunca de unos pocos kilómetros *a la redonda*.

–Se puede uno pasar la vida, hija, sin perderse por mundos nuevos. Y hasta ser sabio. Todo es igual de nuevo aquí que en otro sitio; tú al abuelo no le hagas caso en esas historias de los viajes.

El abuelo se sonreía.

–Lo que sea ya lo veremos, Benjamín. No sirve que tú quieras o no quieras.

A medida que crecía, Alina empezó a comprender *confusamente* que su abuelo y su padre parecían querer *disputársela* para causas *contradictorias*. De momento la *meta* de sus *ensueños* era bajar a la ciudad a ver el río.

---

procuparse, tener el pensamiento ocupado por una idea
correrías, aquí, viajes volviendo al lugar en que se vive
alarmarse, tener miedo, asustarse
agitada, no tranquila
a la redonda, al rededor
confusamente, de manera no clara (= confusa)
disputársela, fig. luchar por llevársela consigo
contradictorias, contrarias
meta, fig. punto en que acaba algo
ensueños, sueños, fantasías

Recordaba ahora la primera vez que había ido con su padre a Orense, un domingo de verano, que había *feria*. Recordaba, como la primera emoción verdaderamente seria de su vida, la de descubrir el río Miño de cerca, en plena tarde, con un movimiento de muchas personas 5 vestidas de colores, merendando en las *márgenes*, y de otras que bajaban a la *romería*. Cerca del río estaba la *ermita de los Remedios*, y un poco más abajo, a la orilla, el campo de la feria con sus *tenderetes*. Estuvieron allí y el padre bebió y habló con mucha gente. Bailaban y can- 10

ermita

feria, fiesta popular y también lugar de reunión para vender *gana-do* (= animales). Suele coincidir con la *romería*, fiesta popular de carácter religioso en la que se va a la *ermita*, lugar en el que hay un santo o una santa o la Virgen María, que es el *patrón* (= que da protección y ayuda) del pueblo. La ermita está casi siempre fuera del pueblo. La Virgen de *los Remedios* es la patrona de Orense

margen, tenderete, ver ilustración en página 40

tenderete

margen

barca

remo

sombrero de paja

alpargatas

pirulís

pelota de goma

40

taban. Vendían *pirulís, pulpo, sombreros de paja, pitos, pelotillas de goma* y *alpargatas*. Pero Alina en eso casi no se fijó; lo había visto parecido por San Lorenzo, en la fiesta de la *aldea*. Miraba, sobre todo, el río, sin soltarse al principio de la mano de su padre. Luego, más adelante, 5 cuando el sol iba ya bajando, se quedó un rato sentada sola en la orilla. Luego, al volver, desde el puente, casi de noche, se veían lejos los montes y los pueblos y las casas de Orense con sus ventanas abiertas, algunas ya con luces, otras cerradas. Muchas mujeres volvían de prisa, 10 con *cestas* a la cabeza, y contaban dinero, sin dejar de andar ni de hablar.

cesta

pito

–Se nos ha hecho muy tarde, Benjamín; la niña va con sueño –decía un amigo del padre, que había estado con ellos casi todo el rato. 15

–¿Ésta? –contestaba el maestro, apretándole la mano–. No la conoces tú. ¿Tienes sueño?

–*Qué va*, papá, nada de sueño.

El maestro y su amigo habían bebido bastante. Anduvieron por calles y callejas, cantando hasta salir al 20

---

pulpo, ver ilustración en página 68
aldea, pueblo pequeño, aldea se usa con frecuencia en Galicia
qué va, no

41

camino del pueblo, y allí el amigo se despidió. La vuelta era toda cuesta arriba, y andaban despacio.

–A lo mejor nos riñe tu madre.

–No, papá. Yo le digo que ha sido culpa mía; que me
5 quise quedar más.

El maestro se puso a cantar una *canción de la tierra*, que cantaba *muy a menudo*, y que decía: «... *aproveita a boa vida –solteiriña non te cases – aproveita a boa vida – que eu sei de alguna casada – que chora de arrepentida*». La cantó
10 muchas veces.

–Tú siempre con tu padre, bonita, –dijo luego–, siempre con tu padre.

Había cinco kilómetros de Orense a San Lorenzo. El camino daba muchas vueltas, a la luz de la luna.

15 –¿Te cansas?

–No, papá.

–Tu madre estará *impaciente*.

Cantaban los *grillos*. Luego pasó uno que iba al pueblo con su carro de *bueyes*, y les dijo que subieran. Se tumba-
20 ron encima del *heno* cortado.

–¿Lo has pasado bien, reina?

–¡Uy, más bien!

grillo

canción, (= cantar, lo que se canta) *de la tierra*, aquí, de Orense o de Galicia. La canción está cantada en gallego y en castellano dice: «aprovecha la buena vida – *solterita* no te cases – aprovecha la buena vida – que yo sé de alguna casada – que llora *arrepentida*». *Soltera*, mujer no casada, *arrepentida*, part. de *arrepentirse*, sentir pesar por haber hecho algo
impaciente, aquí, preocupada porque tardan
carro de bueyes, ver ilustración en página 35
heno, hierba seca que se emplea para alimento del ganado

42

Y, oyendo el chillido de las *ruedas*, de cara a las estrellas, Alina tenía ganas de llorar.

A Eloy, el chico del vaquero, le contó lo maravilloso que era el río. Él ya había bajado a Orense varias veces porque era mayor que ella, y hasta se había bañado en el Miño, pero la escuchó hablar como si no lo conociera más que ahora, en sus palabras.

Eloy guardaba las vacas del maestro, que eran dos, y solía estar en un pequeño prado que había en la *falda* del monte Ervedelo. Allí le venía a buscar Alina muchas tardes, y es donde le había enseñado a leer. A veces el abuelo Santiago la acompañaba en su paseo y se quedaba sentado con los niños, contándoles las historias de su viaje a América. Pero Alina no podía estar mucho rato parada en el mismo sitio.

—Abuelo, ¿puedo subir un rato a la *peña* grande con Eloy, y tú te quedas con las vacas, como ayer? Bajamos en seguida.

El abuelo se ponía a *liar* un pitillo.

—Claro, hija. Venir cuando queráis.

Y subían corriendo de la mano por lo más difícil hasta la cumbre.

¡Qué cosa era la ciudad, vista desde allí arriba! Al río se le reconocían las *arrugas* de la superficie, sobre todo si hacía sol. Alina se imaginaba lo bonito que sería ir montados los dos en una *barca*, aguas adelante.

---

rueda, ver ilustración en página 35
falda del monte, peña, ver ilustración en página 36
liar un pitillo, hacer un cigarro, poniendo el tabaco sobre la hoja de papel
arrugas, fig. aquí: superficie no lisa
barca, ver ilustración en página 40

–Hasta *Tuy*, ¿qué dices? ¿Cuánto tardaríamos hasta Tuy?

–No sé.

–A lo mejor muchos días, pero tendríamos cosas de
5 comer.

–Claro, yo iría *remando*.

–Y pasaríamos a *Portugal*. Para pasar a Portugal seguramente hay una raya en el agua de otro color más oscuro, que se notará poco, pero un poquito.

10 –¿Y dormir?

–No dormiríamos. No se duerme en un viaje así. Sólo mirar; mirando todo el rato.

–De noche no se mira, no se ve nada.

–Sí que se ve. Hay luna y luces por las orillas. Sí que
15 se ve.

Nunca volvían pronto, como le habían dicho al abuelo.

–¿A ti qué te parece, que está lejos o cerca, el río?

–¿De aquí?

20 –Sí.

–A mí me parece que muy cerca, que casi puede uno tirarse. ¿A ti?

–También. Parece que si abro los brazos, voy a poder bajar *volando*. Mira, así.

25 –No lo digas –se asustaba Eloy, retirándola hacia atrás–.

–No, si no me tiro. Pero qué gusto daría ¿verdad? Se levantaría muchísima agua.

–Sí.

Tuy, *Portugal*, ver mapa en página 89
remar, mover los *remos* (ver ilustración en página 40) para hacer andar la barca por el agua
volar, moverse por el aire

44

El río era como una ventana para salir, la más importante, la que tenían más cerca.

Una tarde, en uno de estos paseos, Eloy le contó que había decidido irse a América, *en cuanto* fuese un poco mayor.

–¿Lo dices de verdad?

–Claro que lo digo de verdad.

Alina le miraba con mucha admiración.

–¿Cuándo se te ha ocurrido?

–Ya hace bastante, casi desde que le empecé a oir contar cosas a tu abuelo. Pero no estaba decidido como ahora. Voy a escribir a un primo que tengo allí. Pero es un secreto todo esto, no se lo digas a nadie.

–Claro que no. Pero, oye, necesitarás dinero.

–Sí, ya lo iré juntando. No te creas que me voy a ir en seguida.

–Pues yo que tú, me iría en seguida. Si no te vas en seguida, a lo mejor no te vas.

–Sí que me voy. Y más ahora que veo que a ti te parece bien.

Alina se puso a *arrancar* bierbas muy deprisa, y no hablaron en un rato.

Luego dijo él:

–¿Sabes lo que voy a hacer?

–¿Qué?

–Que ya no te voy a volver a decir nada hasta que lo tenga todo arreglado y te vea para despedirme de ti. Así verás lo serio que es. Dice mi padre, que cuando se habla mucho de una cosa, que no se hace. Así que tú ya tampoco me vuelvas a preguntar nada, ¿eh?

---

en cuanto, cuando, en el momento en que
arrancar, aquí: sacar las hierbas de la tierra

–Bueno. Pero a ver si se te pasan las ganas por no hablar conmigo.

–No, mujer.

–Y no se lo digas a nadie más.

5 –A nadie. Sólo a mi primo, cuando le escriba, que no sé cuando será. A lo mejor espero a juntar el dinero.

No volvieron a hablar de aquello. Eloy se fue a trabajar a unas *canteras* cercanas, de donde estaban sacando piedra para hacer el *Sanatorio* y se empezaron a ver
10 menos. Alina le preguntó al abuelo que si el viaje a América se podía hacer yendo de *polizón*, porque imaginaba que Eloy iría de esa manera, y, durante algún tiempo, escuchó las historias del abuelo con una emoción distinta. Pero en seguida volvió a sentirlas lejos, como
15 antes, igual que leídas en un libro. En el fondo, todo aquello de los viajes le parecía una invención muy hermosa, pero sólo una invención, y no se lo creía mucho. Eloy no se iría; ¿cómo se iba a ir?

Muchas veces, desde el monte Ervedelo, cuando estaba
20 sola mirando anochecer y se volvía a acordar de la conversación que tuvo allí mismo con su amigo, aunque trataba de *sentir verdad* que el sol no se había apagado, sino que seguía camino hacia otras tierras desconocidas y lejanas, y aunque decía muchas veces la palabra «Amé-
25 rica» y se acordaba de los dibujos del libro de Geografía, no lo podía, en realidad, comprender. Se había *hundido*

canteras, lugar de donde se saca la piedra para construir
sanatorio, lugar en que residen los enfermos durante el tiempo en que lo están
polizón, persona que viaja ocultándose para no pagar el *pasaje* (= billete)
sentir verdad, sentir que era verdad que
hundir, aquí: desaparecer

el sol por detrás de las montañas. Empezaban a encenderse las bombillas. Cuántas ventanas, cuántas vidas, cuántas historias. Todo aquello pequeñito eran calles, tiendas, personas que iban a cenar. Había vida de sobra allí abajo. Alina no podía imaginar tanta. Otros países *5* grandes los habría, los había si duda; pero *lo mismo daba*.

Cuando cumplió los diez años, empezó a hacer el *bachillerato*. Por entonces, la ciudad le era ya familiar. Su madre bajaba muchas veces al mercado con las mujeres de todas las aldeas que vivían de la venta diaria de unos *10* pocos *huevos*. Alina la acompañó cuestas abajo y luego

huevo

arriba y escuchó en silencio, junto a su madre, las conversaciones que llevaban todas, mientras mantenían en *equilibrio* las cestas sobre la cabeza muy *tiesa*, sin mirarse, sin *alterar* el paso. Ellas ponían en contacto las aldeas y *15*

---

dar lo mismo, ser igual hacer una cosa que otra, aquí: es igual
bachillerato, estudios que siguen a los de la escuela primaria. En la época del relato duraban 7 años después de los cuales se empezaba la *carrera* (= estudios superiores) en la Universidad. Para los de Filosofía y Letras (= humanidades, Letras) el estudio era de cinco años
en equilibrio, sin moverse para un lado ni para otro
tiesa, sin moverla
alterar, cambiar

encendían sus amistades, contaban las historias y daban las noticias, recordaban las fechas de las fiestas. A Alina le gustaba ir con su madre. Y le gustaba oír la charla de las mujeres. A veces hablaban de ella y le preguntaban cosas
5 a la madre, que era seria, más amiga de escuchar que de hablar. Habían sabido que iba a *ingresar* la niña en el *Instituto*. La niña del maestro.

–Herminia, ¿ésta va a ir a Orense al *Ingreso*?

–Va.

10 –Cosas del padre, claro.

–Y de ella. Le gusta a ella.

–¿A ti te gusta, *nena*?

–Me gusta, sí señora.

Después, según fueron pasando los cursos, los comenta-
15 rios se hicieron admirativos.

–Dicen que vas muy bien en los estudios.

–Regular.

–No. Dicen que muy bien. ¿No va muy bien, Herminia?

20 –Va bien, va.

Alina estudiaba con su padre, durante el invierno, y en junio bajaba a examinarse al Instituto *por libre*. Solamente a los exámenes de ingreso consintió que su padre asistiera.

25 –Yo sola, papá. Si no, nada. Yo bajo y me examino y cojo

---

encender, aquí, hacer nacer, fig.: dar comienzo a las amistades
ingresar, entrar, aquí: en el *Instituto* lugar en el que se hacen los estudios de bachillerato. El examen para entrar en estos estudios es el examen de *Ingreso*
nena, cariñoso: niña
por libre, sin seguir los estudios y las clases en el Instituto

las *papeletas* y todo. Si estáis vosotros, tú sobre todo, me sale mucho peor.

Se había hecho independiente por completo. Benjamín aceptó las condiciones de la hija. Cada final de curso, varias horas antes del regreso de Alina, lo dejaba todo y salía a esperarla a la tienda de Manuel, que estaba mucho antes del pueblo, al comienzo de los *castaños de Indias* de la carretera, donde las mujeres que regresaban del mercado, en verano, se detenían a descansar un poco. Casi siempre alguna de ellas, que había adelantado a Alina por el camino arriba, le traía la noticia al padre antes de que llegara ella.

–Ahí atrás viene. Le pregunté. Dice que trae *sobresalientes*, no sé cuantos.

–No la habrán *suspendido* en ninguna.

–Bueno, hombre, bueno. ¡La van a suspender!

–¿Tardará?

–No sé. Venía despacio.

Alina venía despacio. Volvía alegre, de cara al verano. Nunca había mirado con tanta *hermandad* y simpatía a

castaño de Indias

papeletas, papel en el que estaban las *notas* (= puntos) obtenidas según la escala 0–10. La nota más alta es *sobresaliente* (9–10), notable (7–8), aprobado (5–6) suspenso menos de 5
suspender, no pasar un examen por falta de conocimientos: «en ninguna» se refiere a las materias
hermandad, con sentimiento de ser hermano

las gentes con las que se iba encontrando, como ahora en estos regresos, con sus papeletas recién dobladas dentro de los libros. *Formaban un concierto* aquellas gentes con las piedras, los árboles y los bichos de la tierra. En la
5 tienda de Manuel se detenía. Estaba Benjamín fuera, sentado a una mesa de madera, casi nunca solo, y veía ella desde lejos los pañuelos que la saludaban.

–Ven acá, mujer. Toma una *taza* de vino, como un hombre, con nosotros –decía el padre, besándola.

taza

10 Y ella descansaba allí, bebía el vino fresco.
–Déjame ver, *anda*. Trae esas papeletas.
–Déjalo ahora, papá. Buenas *notas*, ya las verás en casa.
–¿Qué te preguntaron en Geografía?
–Los ríos de América. Tuve suerte.
15 –Pero deja a la chica, hombre, déjala ya en paz –*intervenían* los amigos.

En casa, el abuelo Santiago lloraba. No podía aguantar la emoción y se iba a un rincón de la huerta, donde Alina

---

formar un concierto, aquí, estar en armonía
El *Ribeiro* es una comarca natural que produce un vino muy especial que se bebe en *tazas*
anda, del verbo andar. Como interjección se usa para pedir a alguien que haga alguna cosa
nota, ver nota a *papeletas* en pág. 49
intervenir, tomar parte en la conversación

le seguía y se ponía a consolarle como de una cosa triste.
Le abrazaba.

–Esta vez sí que va de verdad, hija. Es la última vez que
veo tus notas. Lo sé yo, que me muero este verano.

Al abuelo, con el pasar de los años, se le había ido 5
criando un *terror* a la muerte que llegó casi a enfermedad.
Estaba enfermo de miedo. Se negaba a dormir porque
decía que la muerte viene siempre de noche y que hay
que estar *velando* para espantarla. Tomaba café para
no dormir, y lloraba muchas veces, durante la noche, 10
llamando a los de la casa, que ya no hacían caso ninguno
de sus *manías*. Alina tenía el sueño muy *duro*, pero era la
única que acudía a consolarle, alguna vez, cuando se
despertaba. Le encontraba sentado en la cama, con la luz
encendida. 15

Casi todos los viejos de la aldea se quedaban muertos
por la noche, mientras dormían, y nadie sentía llegar
estas muertes, ni se molestaban en preguntar el motivo
de ellas. Eran gentes delgadas, a las que se le había ido
nublando la mirada, y que a lo mejor no habían visto 20
jamás al médico. También el abuelo había estado sano
siempre, pero era de los más viejos que quedaban vivos, y
él sabía que le andaba *rondando la vez*.

Las últimas notas de Alina que vio fueron las de quinto

terror, miedo muy fuerte
velar, estar despierto
manías, ideas fijas
duro, aquí: profundo
nublarse, aquí, perder luz y brillo. En sentido propio: cubrirse el
cielo de nubes que pueden terminar en lluvia
rondando la vez, rondar, andar cerca, alrededor, *la vez*: el
momento de morir

curso. Aquel año la abrazó más fuerte y lloró más que otras veces, tanto que el padre se tuvo que enfadar y le llamó *egoísta*. Alina *tuvo toda la tarde un nudo en la garganta*, y por primera vez pensó que de verdad el abuelo se

nudo

5 iba a morir. Le buscó en la huerta y por la casa varias veces aquella tarde, a lo largo de la fiesta que siempre *celebraba* el maestro en el comedor, con mucha gente. Merendaron *empanada, rosquillas* y vino y cantaron mucho. Por primera vez había también algunos jóvenes. Un 10 sobrino del dueño del Pazo, que estudiaba primero de *carrera* tocaba muy bien la guitarra y cantaba canciones muy bonitas. Habló bastante con Alina, sobre todo de lo divertido que era el invierno en *Santiago de Compostela*, con los estudiantes. Ya, por entonces, estaba casi decidi-15 do que Alina haría la carrera de Letras en Santiago, y ella

empanada

rosquilla

curso, cada año de estudio; en España se extiende desde octubre hasta junio
egoísta, persona que sólo piensa en sí misma
tener un nudo en la garganta, fig. frase con la que se indica que se tiene miedo
celebrar, hacer
carrera, ver nota a *bachillerato* en pág 47
Santiago de Compostela, es la capital y centro cultural de Galicia. Ver mapa en página 89

se lo dijo al chico del Pazo. Era simpático, y la hablaba con cierta superioridad, pero al mismo tiempo no como a una niña. Alina lo habría pasado muy bien si no estuviera todo el rato preocupada por el abuelo, que había desaparecido a media tarde, después de que el maestro le había *reprendido*. No le pudo encontrar.

Volvió el abuelo por la noche, cuando ya se habían ido todos los amigos y había pasado la hora de la cena, cuando la madre de Alina empezaba a estar también muy preocupada. Traía la cabeza baja y le temblaban las manos. Se metió en su cuarto, sin que las palabras que ellos le dijeron lograsen *aliviar* su *gesto contraído*.

–Está loco tu padre, Herminia, loco –se enfadó el maestro, cuando le oyeron que cerraba la puerta–. Debía verle un médico. Nos está quitando la vida.

Benjamín estaba *excitado* por el éxito de la hija y por la bebida, y tenía ganas de discutir con alguien. Siguió diciendo muchas cosas del abuelo, sin que Alina ni su madre le *secundaran*. Luego se fueron todos a la cama.

Pero Alina no durmió. Esperó un rato y escapó *de puntillas* al cuarto del abuelo. Aquella noche, tras sus sobresalientes de quinto curso, fue la última vez que habló *largo y tendido* con él. Se quedaron juntos hasta la *madrugada*.

–No te vayas, hija, espera otro poco –le pedía a cada

reprender, reñir
aliviar, quitar, borrar
gesto contraído, expresión triste
excitado, nervioso y lleno de alegría
secundar, seguir
de puntillas, sobre las puntas de los pies para no hacer ruido
largo y tendido, fam. durante mucho tiempo y deteniéndose en las cosas
madrugada, el comienzo del día

momento, él, en cuanto la conversación *languidecía*.

–Si no me voy. No te preocupes. No me voy hasta que tú quieras.

–Que no nos oiga tu padre. Si se entera de que estás sin dormir por mi culpa, me mata.

–No nos oye, abuelo.

Y hablaban en *cuchicheo*, casi al oído, como dos amantes.

–¿Tú no piensas que estoy loco, verdad que no?

–Claro que no.

–Dímelo de verdad.

–Te lo juro, abuelo. –Y a Alina le temblaba la voz–. Me pareces la persona más seria de la casa.

–Me dicen que soy como un niño, pero no. Soy un hombre. Es que, hija de mi alma, la cosa más seria que le puede pasar a un hombre es morirse. Hablar es el único *consuelo*. Estaría hablando todo el día, si tuviera quien me escuchara. Mientras hablo, estoy todavía vivo, y le dejo algo a los demás. Lo terrible es que se muera todo con uno, toda la memoria de las cosas que se han hecho y se han visto. Entiende esto, hija.

–Lo entiendo, claro que lo entiendo.

Lloraba el abuelo.

–Lo entiendes, hija, porque sólo las mujeres entienden y dan calor. Por muy viejo que sea un hombre, delante de otro hombre tiene *vergüenza* de llorar. Una mujer te *arropa*, aunque también te traiga a la tierra y te *ate*, como

---

languidecer, perder fuerza
cuchichear, hablar en voz muy baja y casi al oído del otro
consuelo, de *consolar*, quitarle a alguien la pena
vergüenza, sentimiento que impide hacer algo ante los demás
arropar, tapar, cubrir con la ropa, aquí, fig.
atar, impedir el movimiento, aquí fig.

54

tu abuela me ató a mí. Ya no te mueves más. Pero sabes lo que es la compañía. La compañía de uno, mala o buena, se la elige uno.

El abuelo contó aquella noche todas sus historias de América, de la abuela Rosa, de gentes distintas. Era todo *confuso*, quizá más que ninguna vez de las que habían hablado de lo mismo, pero en cambio, nunca le había llegado a Alina tan viva como ahora la *desesperación* del abuelo por no poder moverse ya más, por no oír la voz de tantas personas que hay en el mundo contando cosas y escuchándolas, por no hacer tantos viajes como se quedan por hacer.

–Aquí ya me lo tengo todo visto, sabido de memoria. La única curiosidad puede ser la de saber en qué día de la semana me va a tocar la suerte. Tu abuela se murió en domingo, en abril.

–¿Mi abuela cómo era?

–*Brava*, hija, valiente como un hombre. Tenía *cáncer* y nadie lo supo. Se reía. Y además se murió tranquila. Claro, porque yo me quedaba con lo de ella –¿tú entiendes?–, con los recuerdos de ella –quiero decir–, que para alguien no se habían vuelto todavía *inservibles*. Lo mío es distinto, porque yo la llave de mis cosas, de mi memoria, ¿a quién se la dejo?

–A mí, abuelo. Yo te lo guardo todo –dijo Alina casi llorando–. Cuéntame todo lo que quieras. Siempre me

---

confuso, no claro
desesperación, inquietud muy grande por no poder hacer algo
brava, aquí, fuerte, valiente y con carácter
cáncer, enfermedad *mortal* (= que produce la muerte)
inservible, que no sirve para nada, sin valor alguno

puedes estar dando a guardar todo lo tuyo, y yo me lo quedaré cuando te mueras, te lo juro.

Hacia la madrugada, fue a la cocina a hacer café y trajo las dos tazas.

–Abuelo, dice papá que yo no me case, siempre me está diciendo eso. ¿Será verdad que no me voy a casar? ¿Tú qué dices?

–Claro que te casarás.

–Pues él dice que yo he nacido para estar libre.

–Nunca está uno libre; el que no está atado a algo, no vive. Y tu padre lo sabe. Quiere ser él tu *atadura*, eso es lo que pasa, pero no lo conseguirá.

–Sí lo consigue. Yo le quiero más que a nadie.

–Pero no es eso, Alina. Con él puedes *romper*, y romperás. Las verdaderas ataduras son las que uno escoge, las que se busca y se pone uno solo, pudiendo no tenerlas.

Alina, aunque no lo entendió del todo, recordó durante mucho tiempo esta conversación.

A los pocos días se encontró con Eloy en la carretera. Estaba muy guapo y muy mayor. Otras veces también le había visto, pero siempre de prisa, y apenas se saludaban un momento. Esta vez, la paró y le dijo que quería hablar con ella.

–Pues habla.

–No, ahora no. Tengo prisa.

–¿Y cuándo?

–Esta tarde, a las seis, en Ervedelo. Trabajo allí cerca.

Nunca le había dado nadie una *cita*, y era rarísimo que

atadura, lo que ata
romper con, separarse de alguien o de algo
cita, noticia que se dan dos personas para encontrarse en un lugar y en un tiempo

56

se la diera Eloy. Por la tarde, cuando salió de casa, le parecía por primera vez en su vida que tenía que ocultarse. Salió por la puerta de atrás, y a su padre, que estaba en la huerta, le dio miles de *explicaciones* de las ganas que le habían entrado de dar un paseo. También le molestó encontrarse, en la falda del monte, con el abuelo Santiago, que era ahora quien guardaba la única vaca vieja que vivía, «Pintera». No sabía si pararse con él o no, pero por fin se detuvo porque le pareció que la había visto. Pero estaba medio dormido y *se sobresaltó:*

–Hija, ¿qué hora es? ¿Ya es de noche? ¿Nos vamos?

–No, abuelo. ¿No ves que es de día? Subo un rato al monte.

–¿Vas a tardar mucho? –le preguntó él–. Es que estoy *medio malo.*

Levantaba *ansiosamente* hacia ella los ojos.

–No, subo sólo un rato. ¿Qué te pasa?

–Nada, lo de siempre: el nudo aquí. ¿Te espero, entonces?

–Sí, espérame y volvemos juntos.

–¿Vendrás antes de que *se ponga el sol*?

–Sí, claro.

–Por el amor de Dios, no tardes, Adelaida. Ya sabes que en cuanto se va el sol, me entran los miedos.

–No tardo, no. No tardo.

---

explicación, acción y hecho de explicar
sobresaltarse, asustarse
medio malo, un poco enfermo
ansiosamente, con *ansia* = miedo y temor
ponerse el sol, irse el sol al final del día

Pero *no estaba en* lo que decía. Se *imaginaba*, sin saber por qué, que lo primero que iba a hacer Eloy era cogerle una mano y decirle que la quería; tal vez a besarla. Y ella ¿qué podría hacer si ocurría algo semejante? ¿Sería capaz de decir siquiera una palabra?

Pero Eloy sólo *pretendía* darle la noticia de su próximo viaje a América. Por fin sus parientes le habían *reclamado*, y estaba empezando a arreglar todos los papeles.

–Te lo cuento, como te prometí cuando éramos pequeños. Por lo amigos que éramos entonces, y porque me *animaste* mucho. Ahora ya te importará menos.

–No, no me importa menos. También somos amigos ahora. Me alegro de que se te haya arreglado. Me alegro mucho.

Pero tenía que esforzarse para hablar. Sentía una especie de *decepción*, como si este viaje fuera diferente de aquel irreal y *legendario*, que ella había imaginado para su amigo en esta cumbre del monte, sin llegarse a creer que de verdad lo haría.

–¿Y tendrás trabajo allí?

–Sí, creo que me han buscado uno. De camarero. Están en Buenos Aires y mi tío ha abierto un bar.

–Pero tú de camarero no has trabajado nunca. ¿Te gusta?

---

no estar en, aquí: no prestar atención
imaginar, pensar
pretender, querer, desear
reclamar, llamar y responder por él ante las autoridades
animar, dar ánimos a alguien para hacer algo
decepción, desilusión
legendario, propio de la *leyenda*, historia de sucesos maravillosos, que no parecen reales

–Me gusta irme de aquí. Ya veremos. Luego haré otras cosas. Se puede hacer de todo.

–¿Entonces, estás contento de irte?

–Contento, contento. No te lo puedo ni explicar. Ahora ya se lo puedo decir a todos. Tengo junto bastante 5 dinero, y si mis padres no quieren, me voy igual.

Le brillaban los ojos de alegría, tenía la voz segura. Alina estaba triste, y no sabía explicarse por qué. Luego bajaron un poco y subieron a otro monte de la izquierda, desde el cual se veían las canteras donde Eloy había 10 estado trabajando todo aquel tiempo. Se veían muy pequeños los hombres que trabajaban, y Eloy los miraba con curiosidad y atención, desde lo alto, como si nunca hubieran sido sus compañeros.

–Me marcho, me marcho –repetía. 15

Atardeció sobre Orense. Los dos vieron caer la sombra encima de los tejados de la ciudad. Al edificio del Instituto le dio un poco de sol en los cristales hasta lo último. Alina lo *localizó* y se lo enseñó a Eloy, que no sabía dónde estaba. Tuvo que acercar mucho su cara a la de él. 20

–Mira; allí. Allí …

Hablaron del Instituto y de las notas de Alina.

–El señorito del Pazo dice que eres muy lista, que vas a hacer carrera.

–Bueno, todavía no sé. 25

–Te *pone por las nubes*.

–Si casi no le conozco. ¿Tú cuándo le has visto?

localizar, encontrar el lugar en que está
poner a alguien por las nubes, fam. hablar muy bien de él

–Le veo en la *taberna*. Hemos jugado a las *cartas*. Hasta pensé: «A lo mejor quiere a Alina».

La miraba. Ella se puso colorada.

–¡Qué tontería! Sólo le he visto una vez. Y además, 5 Eloy, tengo quince años. Parece mentira que digas eso.

Tenía ganas de llorar.

–Ya se es una mujer con quince años –dijo él alegremente–. ¿O no? Tú sabrás.

–Sí, bueno, pero …

10 –¿Pero qué?

–Nada.

–Tienes razón, mujer. Tiempo hay, tiempo hay.

Y Eloy se rió. Parecía de veinte años o mayor, aunque sólo le llevaba dos a ella. «Estará *harto* de tener *novias*» 15 –pensó Alina.

Bajaron en silencio por un camino que daba algo de vuelta. Era *violento* tenerse que agarrar alguna vez de la mano, en los trozos difíciles. Ya había estrellas. De pronto Alina se acordó del abuelo y de lo que le había prometido 20 de no tardar, y se le *encogió el corazón*.

cartas

–Vamos de prisa. Me está esperando.

–Bueno, que espere.

–No puede esperar. Le da miedo. Vamos, oye. De verdad.

Corrían. Salieron a un camino ya oscuro y pasaron por delante de la casa abandonada, que había sido del cura en otro tiempo y luego se la vendió a unos señores que casi no venían nunca. La llamaban «la casa del camino» y ninguna otra casa le estaba cerca.

Corrían.

–Es por el abuelo. Tengo miedo por él –decía Alina, casi llorando, descansada de tener un pretexto para justificar su emoción de toda la tarde–. Quédate atrás tú, si quieres.

–Pero ¿qué le va a pasar al abuelo? ¿Qué le puede pasar?

–No sé. Algo. Tengo ganas de llegar a verle.

–¿Prefieres que me quede o que vaya contigo?

–No. Mejor ven conmigo. Ven tú también.

–Pues no corras así.

Le distinguieron desde lejos, inmóvil, apoyado en el *tronco* de un *nogal*, junto a la vaca, que estaba echada en el suelo.

–¿Ves cómo está allí? –dijo Eloy.

Alina empezó a llamarle, *a medida que* se acercaba:

–Que ya vengo, abuelo. Que ya estoy aquí. No te asustes. Somos nosotros. Eloy y yo.

Pero él no *gemía*, como otras veces, no se incorporaba.

---

tronco, nogal, ver ilustración en página 62
a medida que, cuando se iba acercando
gemir, expresar con un sonido o con la voz la pena o el dolor

nogal

tronco

Cuando entraron *agitadamente* en el prado, vieron que se había quedado muerto, con los ojos abiertos. Las sombras se tendían pacíficamente delante de ellos, *anegaban* el campo y la aldea.

A partir de la muerte del abuelo y de la marcha de Eloy, 5 los recuerdos de Alina toman otra *vertiente* más cercana, y todos *desembocan* en Philippe. Es muy raro que estos recuerdos sean más confusos que los antiguos, pero ocurre así.

Los dos últimos cursos de bachillerato, ni sabe cómo 10 fueron. Vivía en la aldea, pero con el solo pensamiento de terminar los estudios en el Instituto para irse a Santiago de Compostela. Quería *escapar*, cambiar de vida. Empezó a escribir versos que guardaba y que hasta que conoció a Philippe no había enseñado a nadie, ni a su 15 padre siquiera. Muchas veces se iba a escribir al jardín que rodeaba la iglesia, cerca de la *tumba* del abuelo. Aquello no parecía un *cementerio*, de los que luego conoció Alina. Cantaban los pájaros y andaban por allí *picoteando* las *gallinas* del cura. Estaban a dos pasos los *eucaliptos* 20 *tos* y los pinos, todo era uno.

Se pasaba largos ratos Alina en la iglesia vacía por las tardes, con la puerta al fondo, por donde entraban olores

---

agitadamente, con prisa
anegar, cubrir totalmente
vertiente, fig. aquí: dirección
desembocar, terminar, llegar a
escapar, huir
tumba, gallina, ver ilustración en página 64
cementerio, lugar donde se *entierra* a los muertos, de *enterrar* (= poner bajo tierra)
picoteando, comiendo por aquí y por allá
eucaliptos, ver ilustración en página 68

gallina

tumba

y ruidos del campo, abierta de par en par.

El maestro, que siempre había sido bastante *anticlerical*, empezó a alarmarse.

–Pero, Herminia, ¿qué hace esta chica todo el día en la iglesia?

–Que haga lo que quiera. Déjala.

–¿Que la deje? ¿Cómo la voy a dejar? *Se nos mete monja por menos de un pelo.*

–Bueno, hombre, bueno.

–Pero ¿cómo no te importa lo que te digo, mujer? Eres como de corcho.

–No soy de corcho, pero dejo a la hija en paz. Tú la vas a aburrir, de tanto estar pendiente de lo que hace o lo que no hace.

–Pero dile algo tú. Eso son cosas tuyas.

–Ya es mayor. Díselo tú, si quieres, yo no le digo nada. No veo que le pase nada de particular.

–Sí que le pasa. Tú no ves más allá de tus narices. Está callada todo el día. Ya no habla conmigo como antes, me esconde cosas que escribe.

–Bueno, y qué. Porque crece. No va a ser siempre como de niña. Son cosas del crecimiento, de que se va a separar. Se lo preguntaré a ella lo que le pasa.

Y Alina siempre decía que no le pasaba nada.

–¿No será que estudias demasiado?

–No, por Dios, papá. Al contrario. Si eso es lo que más me divierte.

---

anticlerical, que está en contra de los curas
meterse monja, irse a o entrar en un *convento* (= lugar en el que viven hombres o mujeres retirados del mundo y siguiendo unas reglas); las mujeres son las *monjas*, los hombres son los *frailes*
por menos de un pelo, frase familiar: por muy poco, por menos de nada

–Pues antes comías mejor, estabas más alegre, cantabas.

–Yo estoy bien, te lo aseguro.

–Verás este año en las fiestas. Este año nos vamos a
5 divertir. Va a *ser sonada*, la romería de San Lorenzo.

Aquel verano, el último antes de empezar Alina la carrera, se lo pasó Benjamín, desde junio, haciendo proyectos para la fiesta del *Patrón* que era a mediados de agosto. Quería *celebrar por todo lo alto* que su hija hubiese aca-
10 bado el bachillerato. Pidió que aquel año le nombrasen *mayordomo* de la fiesta. Los mayordomos se elegían cada año entre los cuatro o cinco mejor *acomodados* de la aldea y ellos *corrían con* gran parte del gasto. El maestro, aquel año, soñaba con que su nombre y el de la hija se
15 dijeran en *Verín* y en Orense.

–Nos vamos a arruinar, hombre –protestaba Herminia, cada vez que le veía subir de Orense con una compra nueva.

–Bueno, ¿y qué si nos arruinamos?
20 –No, nada.

Compró cientos de *bombas* y *cohetes*. *Alquiló* un *pirotéc-*

---

ser sonada, fam. se va a hablar mucho de ella.
patrón, ver nota a *feria* en página 39. La fiesta del San Lorenzo es el 10 de agosto. San Lorenzo murió el 10 de agosto del año 258
celebrar por todo lo alto, hacer la fiesta gastando mucho dinero y haciendo todo lo posible por que resulte bien
mayordomo, aquí: el que se encarga de la fiesta anual
acomodado, rico
correr con los gastos, encargarse de pagar los gastos
Verín, ver mapa en página 89
bombas, cohete, ver ilustración en página 68
alquilar, aquí: pagar por el servicio

nico para los *fuegos artificiales*, que en el pueblo nunca se
habían visto. *Contrató* a la mejor banda de música, *atracciones* nuevas de *norias* y *tiovivos*. Mandó *adornar* todo el
techo del campo donde se iba a celebrar la romería con
farolillos y *banderas*, instaló en la terraza de su propia casa   5
un pequeño bar con bebidas, donde podía detenerse
todo al mundo, a tomar algo gratis.

–El maestro *echa la casa por la ventana* –comentaban.

–La echa, sí.

Días antes había bajado a la ciudad con Adelaida y   10
había querido comprarle un traje de noche en una tienda
elegante.

–Que no, papá. Que yo eso no me lo pongo, que me da
mucha vergüenza a mí ponerme eso. No te pongas triste.
Es que no puedo, de verdad. Anda, vamos.   15

–Pero ¿cómo «vamos»? ¿No te parece bonito?

–Muy bonito, sí. Pero no lo quiero. *No me parece propio.*
Compréndelo, papá. Te lo agradezco mucho. Parece un
traje de reina, o no sé.

–Claro, de reina. Para una reina.   20

No lo podía entender.

No fueron para Alina aquellas fiestas diferentes de las

---

pirotécnico, el hombre que se encarga de los *fuegos artificiales*,
cohetes que al ser encendidos producen chispas y luces de
diversos colores
contratar, ponerse de acuerdo sobre el pago del servicio
atracciones, lo que *atrae* (= lleva hacia sí) aquí: cosas que
divierten y llaman la atención
noria, tiovivo, farolillo, bandera, ver ilustración en página 68/69
adornar, poner *adornos* = lo que se pone para hacer algo más
bonito
echar la casa por la ventana, fam. gastar mucho dinero
no parecer propio, no ser bueno para ese momento

castaño

eucalipto

tiovivo

bomba

cohete

rosquilla

mostrador

taza

hoguera

pata

pulpo

olla

68

noria

bandera

tomóvil de choque

templete

farolillo

banda de música

colgadura

69

de otros años, más que en que se tuvo que esforzar mucho para esconder su *melancolía*, porque no quería nublar el gozo de su padre. No sabía lo que le pasaba, pero su deseo de irse era mayor que nunca. Se reía sin parar y
5 a cada momento se encontraba con los ojos del padre que buscaban los suyos para *cerciorarse* de que se estaba divirtiendo. Bailó mucho y le dijeron *piropos*, pero de ningún hombre le quedó recuerdo.

–Ya te estaba esperando a ti en esa fiesta –le dijo a Phi-
10 lippe poco tiempo más tarde, cuando le contó cosas de este tiempo anterior a su encuentro–. Era como si ya te conociera de tanto como te *echaba de menos*, de tanto como estaba reservando mi vida para ti.

Benjamín perdió a su hija en aquellas fiestas, a pesar de
15 que Philippe, el *rival* de carne y hueso, no hubiese aparecido todavía. Pero no se *apercibió*. Anduvo dando vueltas por el campo de la romería, de unos grupos a otros, desde las primeras horas de la tarde, y estaba orgulloso recibiendo las felicitaciones de todo el mundo.
20 La romería se celebraba en un *soto* de castaños y eucaliptos a la izquierda de la carretera. Los árboles eran viejos, y muchos se secaban poco a poco. Otros los habían ido cortando, y dejaron el *muñón* de asiento para

---

melancolía, sentimiento de tristeza suave no causada por una desgracia
cerciorarse, asegurarse, estar seguro
piropos, frases y dichos alabando su belleza
echar de menos, tener el sentimiento de que falta
rival, enemigo, el que está en contra
apercibirse, darse cuenta de algo
soto, lugar poblado de árboles cerca de un río
muñón, lo que queda del tronco cortado

las *rosquilleras*. Las que llegaban tarde se sentaban en el suelo, sobre la hierba y ponían delante sus cestas. Vendían rosquillas de *Ribadavia*, peras y manzanas, relojitos de hora fija, pitos. Estaban instaladas desde por la mañana las *barcas voladoras* pintadas de azul. Otros años las ponían cerca de la carretera. Pero esta vez habían venido también *automóviles de choque* y una noria, y las barcas voladoras pasaron a segundo término.

También desde por la mañana, muy temprano, habían llegado los *pulperos*. Este año eran tres. El pulpero era tan importante como la banda de música, como la *misa de tres curas*. El pulpero preparaba sus *bártulos consciente* de su valor en la fiesta. Escogía el lugar para colocar la *olla de hierro*. La cambiaba varias veces. Un poco más arriba. Donde diera menos el aire. Una vez asentada sobre sus *patas* la llenaba de agua y amontonaba debajo hojas secas y ramas que iba juntando y recogiendo con un palo. Le ayudaban los chiquillos, cada vez más numerosos, que le

rosquilleras, mujeres que venden *rosquillas* ver ilustración en página 68
Ribadavia, ver mapa en página 89
barca voladora, especie de noria (ver ilustración en página 69)
voladoras, porque parece que vuelan, (de *volar* = ir por el aire como los pájaros)
automóviles de choque, olla, pata, ver ilustración en página 68/69
pulpero, el hombre que vende *pulpo*, ver ilustración en página 68/69
misa de tres curas, la misa la celebra en general un cura, cuando se trata de un día de fiesta grande la celebran tres
bártulos, fam. las cosas que se necesitan para hacer algo
consciente, sabiendo, dándose cuenta

rodeaban. Luego prendía la *hoguera*, y, cuando el agua empezaba a hervir, sacaba el *pulpo* para echarlo a la olla. Este era el momento más importante, y ya se había juntado mucha gente para verlo. El pulpo seco se hundía en el
5 agua para transformarse. El pulpero contestaba a las peticiones de las mujeres que se habían ido acercando.

Alina [bailaba] y miraba lejos, a las copas oscuras de los pinos, a las montañas.

—Parece que se divierte tu chica —le decían al maestro
10 los amigos.

—Se divierte, sí, ya lo veo. No deja de bailar. Y lo que más me gusta es que baila con todos. No está en edad de atarse a nadie.

—Se atará, Benjamín, se atará.
15 —Pero hay tiempo. Ahora, en octubre va a la Universidad. Hará su carrera. Buena gana tiene ella de pensar en novios.

Desde la carretera hasta donde estaba el *templete* de los músicos, con su *colgadura* de la bandera española, todo
20 el campo de la romería estaba *cuajado* a ambos lados de *tenderetes* de vinos y *fritangas*, con sus bancos de madera delante, y sobre el *mostrador* se alineaban los *porrones* de vino del *Ribeiro* y las tacitas blancas. El maestro no *perdía de ojo* a la chica, ni dejaba de beber; se movía de

hoguera, pulpo, templete, colgadura, ver ilustración en página 68/69
[bailaba] suplido a causa de la reducción del texto
tenderete, ver ilustración en página 40
cuajado, aquí, lleno
fritangas, las cosas que se hacen en aceite hirviendo (= *fritos,* de freír)
mostrador, ver ilustración en página 68/69
vino del Ribeiro, ver nota en página 50
no perder de ojo, no dejar de mirar

72

una parte a otra. Alina sonreía a su padre, cuando le pasaba cerca, bailando, pero *procuraba* empujar a su pareja hacia la parte opuesta para *esquivar* sus miradas. Se reía, se dejaba llevar. Anochecía. Casi no se oía la música. Cuando se paraba, sólo se enteraba Alina porque su compañero se paraba también. Se soltaban entonces.

–Gracias.

–A ti, bonita.

Y el padre casi todas las veces se acercaba entonces para decirle algo, o para llevársela a dar una vuelta por allí con él y los amigos, hasta que veía que los músicos volvían a coger los instrumentos. La llevó a comer el pulpo, que pedía mucho vino.

–Resulta bien esto, ¿eh, reina?

–Sí, papá.

–Me gusta tanto ver lo que te diviertes. ¿Ves?, ya te lo decía yo que ibas a bailar todo el tiempo.

–Sí, bailo mucho.

–Es estupenda la banda, ¿verdad? Mejor que ningún año.

–Sí que es muy buena, sí.

Pero la banda era igual que siempre. Todo lo que tocaban parecía lo mismo.

porrón de vino

procurar, esforzarse por
esquivar, huir de

En los primeros días de soledad e *inadaptación* que pasó al llegar a Santiago, todos estos *particulares* de la aldea recién abandonada los puso en *poemas* que luego *entusiasmaron* a Philippe. Él, que venía a encontrar colores nuevos en el paisaje de España, se sintió atraído desde el principio por aquella muchacha, casi una niña, que poco a poco le fue abriendo la puerta de sus recuerdos. Una muchacha que nunca había viajado, a la que no había besado ningún chico, que solamente había leído unos cuantos libros absurdos; romántica, *ignorante*, y a la que sin embargo, no se cansaba uno de escuchar.

–Pero es terrible eso que cuentas de tu padre.

–¿Terrible por qué?

–Porque tu padre está enamorado de ti. Tal vez sin darse cuenta. Un complejo de Edipo.

–¿Cómo?

–De Edipo.

–No sé, no entiendo.

–Te quiere guardar para él. ¿No te das cuenta? Hay cosas que sólo pasan en España. Ese sentido de posesión. Te tienes que soltar de tus padres, por Dios.

Philippe se había ido de su casa desde muy pequeño. No tenía respeto ninguno por la *institución familiar*. Desde el primer momento comprendió Alina que con sus padres no podría entenderse, y por eso tardó mucho en hablarles de él, cuando ya *no tuvo* más *remedio* porque iba

---

inadaptación, no adaptación, no estar a gusto
particulares, aquí, cosas especiales
poemas, conjunto de versos, poesías
entusiasmar, gustar mucho
ignorante, que no sabe mucho
institución familiar, la familia
no tener remedio, estar obligado a hacer algo

a nacer el pequeño Santiago.

Pero, aunque esto solamente ocurrió a finales de curso, ya en las primeras *vacaciones de Navidad*, cuando Alina fue a la aldea, comprendió Benjamín que existía otra persona que no era él; que Alina había encontrado su 5 verdadera atadura. Y tanto miedo tenía de que fuera verdad, que ni siquiera a la mujer le dijo nada durante todo el curso, ni a nadie; hasta que supieron aquello, de repente, lo del *embarazo* de la chica, y se hizo de prisa la *boda*. 10

Así que Adelaida no llegó a dar ni siquiera los exámenes de primero. Toda la carrera de Alina se quedó encerrada en los proyectos que hizo su padre la última vez que habló con ella de estas cosas, cuando fue a acompañarla en octubre a la Universidad. Hicieron el viaje en tren, 15 una mañana de lluvia. Alina estaba muy nerviosa. Benjamín no había ido nunca a Santiago, pero tenía un amigo íntimo, en cuya *pensión* se quedó Alina.

–Dale toda la libertad que a los otros, Ramón, pero entérate un poco de la gente con quien anda y me 20 escribes.

–Bueno, hombre, bueno –se echó a reír el amigo–. La chica es lista, no hay más que verla. Déjala en paz.

Y a Benjamín le empezó a entrar una *congoja* que no le dejaba coger el tren para volverse. 25

vacaciones, tiempo en que los estudiantes no tienen clase, la *Navidad* son las fiestas que van del 24 de diciembre al 6 de enero
embarazo, estado de la mujer que espera un hijo
boda, acto de unirse dos personas con la idea de vivir juntas (= casarse) y fiesta con que se celebra
pensión, casa donde se vive y en la que se paga por la comida, la cama y otros servicios
congoja, tristeza honda

–Pero papá, mamá te está esperando.

–¿Es que te molesto, hija?

–No. Pero estás gastando dinero. Y yo ya estoy bien aquí. Ya voy a las clases. Ni siquiera puedo estar contigo.

5 *Se demoró* casi una semana. El día que se iba a marchar, dieron un paseo por la *Herradura* antes de que Alina le acompañase al tren. Aquellos días habían hablado tanto de las mismas cosas, que ya no tenían nada que decirse. Por primera vez en su vida, Alina vio a su padre desplaza-
10 do, inservible, mucho más de lo que había visto nunca al abuelo Santiago. Luchaba contra aquel sentimiento de *alivio* que le producía el pensamiento de que se iba a separar de él. En la estación se echó a llorar, *se derrumbó* en brazos de la hija, que le tuvo que *empujar* para que cogiera
15 el tren casi en marcha.

–Pero no te pongas así, papá. Si vuelvo en Navidades. Y además os voy a escribir. Son dos meses, total, hasta las Navidades.

Alrededor de quince días después de esta despedida,
20 Alina conoció a Philippe.

demorarse, quedarse más tiempo del necesario
La Herradura, paseo célebre y muy hermoso desde donde se puede ver toda la hermosa ciudad que es Santiago de C.
alivio, sentirse libre de algo
derrumbarse, aquí, caer llorando, sin fuerza, en los brazos de su hija
empujar, hacer fuerza contra algo para moverlo

4

Ha empezado a llover sobre el río. Alina se levanta. Tiene muchas ganas de tomarse un café. Y también muchas ganas de ver a Philippe. Ahora hace frío.

Camino de casa, compra una *tarjeta*, y en el bar a donde entra a tomar un café pide prestado un *bolígrafo* y, contra el mostrador, escribe:

«Queridos padres: os echo mucho de menos. Estamos contentos porque nos han hablado, hoy, de un apartamento más grande y seguramente lo podremos coger para la primavera. Santiago está mejor y ya no tose. Philippe ha empezado a trabajar mucho para la exposición que va a hacer. Casi no hablamos cuando estuvisteis aquí, siempre con el *impedimento* de los niños y del quehacer de la casa. Por eso no os pude decir cuánto quiero a Philippe, y a lo mejor no lo supisteis ver en esos días. Os lo explico mejor por carta. Ya os *escribiré largo*.

«Estoy alegre. He salido a buscar el pan y se está levantando la mañana. Pienso en lo maravilloso que será para los niños ir a San Lorenzo y ver las casas de Orense desde Ervedelo. Iremos alguna vez. Pronto. Os abraza. Alina.»

Le corre una lágrima, pero se aparta para que no caiga encima de lo escrito. Levanta los ojos y va a pagar al camarero, que la está mirando con simpatía.

–*Ça ne vaut pas la peine de pleurer, ma petite* –le dice

---

tarjeta, bolígrafo, ver ilustración en página 78
impedimento, lo que no permite hacer algo
escribir largo, escribir una carta larga
«*Ça ... ma petite*» «No vale la pena llorar, pequeña»

al darle el *cambio*.

Y ella sonríe. Le parece que es un *mensaje* de Eloy, su amigo, desde un bar de Buenos Aires.

tarjeta

bolígrafo

cambio, el dinero que le da de vuelta el camarero
mensaje, noticia

5

Benjamín se despertó con la cara mojada de lluvia y miró alrededor, *aturdido*. De pie, a su lado, estaba Herminia, con un *paraguas* abierto.

–Vamos a casa, anda –le dijo–. Sabía que te iba a encontrar aquí. 5

Benjamín *se frotó* los ojos. Se incorporó. Le dolía la espalda de dormir sobre la piedra.

–¿Qué hora es? –preguntó.

–Las tres de la tarde. Tienes la comida allí preparada y la cama hecha, por si quieres descansar. He aireado bien 10 el cuarto.

–No, no. Debo haber dormido aquí bastante, era por la mañana cuando me dormí. Y hacía sol.

Miró abajo, cuando se levantaba. Ahora estaba gris Orense, gris el río. La lluvia era *mansa* y *menuda*. 15

–Vamos.

Bajaron el monte despacio.

–Mira que haberte quedado dormido en la peña –dijo ella–. Para haberte caído rodando. Estás loco.

–Anda, anda, ten cuidado donde pisas. Siempre te 20 tengo que encontrar detrás de mí.

No volvieron a hablar. Al llegar al camino llovía más fuerte, y se juntaron los dos dentro del paraguas.

–A ver si no he hecho bien en venir. Si no hubiera visto que *se nublaba* no hubiera venido, no. Al fin, ya sé dónde 25

---

aturdido, aquí, asustado y sin saber muy bien dónde estaba
paraguas, ver ilustración en página 81
frotarse los ojos, pasarse la mano por ellos
mansa, tranquila y suave, *menuda*, no fuerte
nublarse, cubrirse el cielo de nubes que anuncian lluvia

te voy a encontrar cuando te pierdas.

—Bueno, ya basta. Has venido. Está bien, mujer.

Pasaron por el sitio donde Benjamín se había encontrado al cura. Dejaron atrás el prado donde se había quedado muerto el abuelo.

—Qué manía me está entrando con dormir por el día, Herminia. ¿Por qué será? Me parece que duermo más *amparado* si hay luz y se oyen ruidos. Tanto como *me metía con* tu padre, y me estoy volviendo como él.

—Qué va, hombre. Que te vas a estar volviendo como él.

—Te lo digo de verdad que sí. Estoy viejo. Antes me he encontrado con don Félix y casi he estado amable. Me daba pena de él. Me parecía tan bueno.

—Siempre ha sido bueno.

—¡Pero no entiendes nada, qué tiene que ver que siempre haya sido bueno! A mí antes me ponía nervioso, lo sabes, no le podía ni ver. Y ahora casi me dan ganas de ir a misa el domingo. Tengo miedo a morirme. Como tu padre.

Cuando llegaron al *sendero* que llevaba a la parte trasera de la casa, por donde había venido, Benjamín se quiso *desviar* y tomarlo de nuevo.

—No, hombre —se opuso la mujer—. Vamos por la carretera. Debajo de los castaños nos mojamos.

—No sé que te diga, es que …

—Es que, ¿qué?

---

amparado, protegido
meterse con, fam. decir a alguien cosas que le causan pena o dolor
sendero, camino estrecho
desviarse, apartarse

80

paraguas

–Nada, que a lo mejor nos encontramos a alguien, y nos preguntan del viaje.

–¿Y qué pasa con que nos pregunten? Si nos preguntan, pues contestamos. No sé qué es lo que tenemos que esconder. ¿Que si está bien la hija? Que sí. ¿Que si son guapos los nietos? Que sí. ¿Que si *se lleva bien con el yerno?* ...

–Bueno. Cállate ya. Vamos por donde quieras y en paz.

5 Del muro que terminaba, a la entrada de la carretera, salió volando un saltamontes y les pasó por delante.

–Buenas noticias –dijo Herminia–. A lo mejor nos mandan a los niños este verano. ¿Tú que dices?

–Nada, que yo qué sé. Cualquiera sabe lo que pasará de 10 aquí al verano. Nos podemos haber muerto todos. O por lo menos tú y yo.

–¿Tú y yo, los dos juntos? Pues sí que das unos ánimos. Muérete tú, si quieres, que yo no tengo gana de morir todavía.

15 Sacaba Herminia una voz valiente y tranquila que el maestro le conocía muy bien.

–Desde luego, Herminia, –dijo; y estaba muy serio–, no me querría morir después que tú. Sería terrible. De verdad. Lo he pensado siempre.

20 –Pero bueno, será lo que Dios quiera. Y además, cállate ya. Qué manía te ha entrado con lo de morirse o no morirse.

–Es que sería terrible. Terrible.

Sonaba la lluvia sobre los castaños de Indias, que les 25 cubrían como un techo. Ya llegando a la casa, el maestro dijo:

–No me voy a acostar. No dejes que me acueste hasta la noche. A ver si *cojo el sueño* por las noches otra vez. Me

---

llevarse bien con, tener buena relación, *el yerno*, en relación con los padres el marido de la hija. Aquí: Philippe
coger el sueño, volver a conseguir dormir

estoy volviendo como tu padre, y ahora que va a venir el invierno, me da mucho miedo. No quiero, Herminia, no quiero. Al verano le tengo menos miedo, pero el invierno ...

–Tendremos que empezar a hacer el *gallinero* –dijo ella.   5

gallinero, lugar donde se recogen a dormir y donde se crían las gallinas

Preguntas a 1

1. ¿Quiénes son los personajes que aparecen en este capítulo?

2. ¿Cuál es el problema que tiene el maestro?

3. ¿Cómo ve Herminia la situación? ¿Quién de los dos ve la situación de manera más inteligente? Razone la respuesta.

4. ¿Qué hace el maestro al no poder dormir?

5. ¿Con quién se encuentra el maestro? ¿Qué consecuencia saca usted del diálogo entre Benjamín y don Félix?

6. ¿Por qué llora Benjamín?

Preguntas a 2

1. ¿Quiénes son las personas que hablan en este capítulo?

2. ¿Cuál es el problema que tiene Alina?

3. ¿Cómo es la relación entre Alina y Philippe?

4. ¿Cómo ve Alina el problema?

5. ¿Cómo lo ve Philippe? ¿Como intenta Philippe ayudar a Alina?

6. ¿Cómo resolverá Alina su problema?

Preguntas a 3

Todo el capítulo ha sido presentado a través de los recuerdos de Alina que está en París, y está expuesto en un presente dentro del pasado y en un pasado dentro del presente.

1. Describa la vida de un maestro rural (= del campo, que enseña en un pueblo)

2. Comente la relación del maestro con su hija.

3. Analice la evolución de la hija (infancia, adolescencia).

4. Describa las fiestas de la aldea: la feria, la romería, la fiesta del bachillerato de Alina.

5. ¿Por qué emigra Eloy? ¿Cuál es su relación con Alina?

6. ¿Qué función tiene Eloy en el recuerdo de Alina?

7. ¿Qué relación existe entre Alina y su abuelo?

8. Comente la conversación entre Alina y su abuelo sobre las «ataduras» ¿Cómo hay que entender las ataduras?

9. ¿Cuál es su idea de atadura? Como lector, quién, según su opinión, tiene una idea justa de la atadura y quién no.

10. Comente los mundos de Alina y de Philippe: sus semejanzas y sus diferencias.

11. ¿Cuáles son los rasgos esenciales del carácter de Alina y cuáles los del de Philippe?

12. ¿Por qué los padres de Alina se sienten desplazados en París?

Preguntas a 4

1. ¿Qué sentimientos tiene Alina después de haber pensado tantas cosas?

2. ¿Cómo ve usted la tarjeta que envía a sus padres?

3. ¿Cómo la interpretarán sus padres?

4. ¿Qué consecuencias saca usted del texto de la tarjeta?

Preguntas a 5

1. ¿Cómo es la relación entre Herminia y Benjamín? Haga un breve análisis de sus caracteres.

2. ¿Quién de los dos cree usted que ve mejor las cosas?

3. Analice la postura y los sentimientos de cada uno de ellos hacia su hija.

4. ¿Cuál será la interpretación del texto de la tarjeta de Alina por cada uno de ellos?

Preguntas en general

1. ¿Qué le ha parecido el relato?

2. Analice la problemática que ofrece el relato y véala desde los diversos puntos de vista de los personajes.

3. Haga un retrato de cada uno de los personajes principales.

4. ¿Cómo le ha parecido la vida de la aldea según el recuerdo de Alina?

5. ¿Puede comentar cuál es la causa de la soledad de los personajes que, en el relato, se sienten solos?

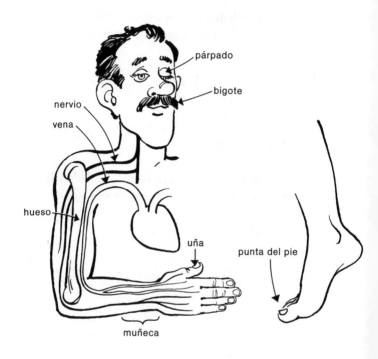

párpado

bigote

nervio

vena

hueso

uña

punta del pie

muñeca

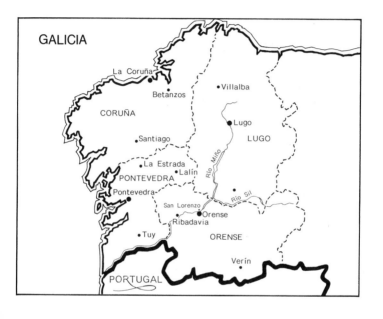

www.easyreaders.eu